# Activity Book

# Willkommen!
## German
### Beginner's course

**Second Edition**

Paul Coggle and
Heiner Schenke

**HODDER**
EDUCATION
AN HACHETTE UK COMPANY

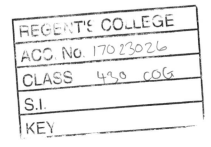
Orders: Please contact Bookpoint Ltd, 130 Milton Park, Abingdon, Oxon OX14
4SB. Telephone: (44) 01235 827720, Fax: (44) 01235 400454. Lines are open
from 9.00 to 5.00, Monday to Saturday, with a 24-hour message answering
service. You can also order through our website
http://www.hoddereducation.co.uk

If you have any comments to make about this, or any of our other titles,
please send them to educationenquiries@hodder.co.uk

*British Library Cataloguing in Publication Data*
A catalogue record for this title is available from the British Library.

ISBN: 978 1444 165180

First published 2009, revised 2012
Impression number 10 9 8 7 6 5 4 3 2
Year            2015 2014 2013 2012

Cover photo © The Moment I Wake Up – Fotolia.com
*Ruth und Naemi* von Julius Hübner, 1831 © bpk / Nationalgalerie, Staatliche
Museen zu Berlin. Foto: Andres Kilger
Illustrations by Barking Dog Art
Typeset by Phoenix Photosetting, Chatham, Kent
Printed in Great Britain by CPI Group (UK) Ltd, Croydon, CR0 4YY
for Hodder Education, an Hachette UK Company,
338 Euston Road, London NW1 3BH

# Contents

# Introduction

This *Activity Book* has been written to supplement and enhance the *Willkommen!* course book. It follows closely unit by unit the topics and language points introduced in the course book. It offers students the opportunity to both consolidate and extend their mastery of the language.

The *Activity Book* has been designed in such a way that it can also be used independently.

The overall pattern of work for each unit includes the following:

**Übungen**   A wide range of activities linked to the unit topics.

**Grammatik**   Grammar points introduced in a user-friendly way, followed by exercises practising the relevant points.

**Mehr Vokabeln**   Vocabulary extension based around the topics.

**Und zum Schluss**   This final section represents the culmination of the unit and offers students the opportunity to demonstrate under two separate headings the skills that they have acquired:

**1 Sprechen**   Here the topics covered in the unit are made personal to the student. The questions asked are open-ended, but have been designed within a strict framework. Model responses are offered in the Key.

**2 Lesen**   The reading passages have been selected from realia linked to the unit topics and adapted to the level of the language skills attained at a given stage of the course.

Students should find these final sub-sections both stimulating and challenging.

**Key to the activities**   This section provides answers to all of the activities. Model responses are given for personalised questions.

**German–English Glossary**   Although this does not claim to be comprehensive, it does provide English equivalents for most of the German vocabulary introduced in the *Activity Book*.

---

Here are the English equivalents of the main German instructions to the exercises:

| German | English |
|---|---|
| Ergänzen Sie (, bitte). | *(Please) complete.* |
| Verbinden Sie (Teil A mit Teil B). | *Combine (part A with part B).* |
| Was fehlt? | *What is missing?* |
| Welches Wort fehlt? | *Which word is missing?* |
| Fragen Sie. | *Ask.* |
| Wie heißt es richtig? | *What's correct?* |
| Welche Frage (A) passt zu welcher Antwort (B)? | *Which question (A) matches which answer (B)?* |
| Welches Wort passt am besten? | *Which word fits best?* |
| Ordnen Sie den Dialog. | *Put the dialogue in the correct order.* |
| Was sagen Sie? | *What do you say?* |

# I | Guten Tag

## Abschnitt A

### Übungen

**I** Was gehört zusammen?

Verbinden Sie Teil A mit Teil B.

| A | B |
|---|---|
| **I** Guten | **a** Nikolai. |
| **2** Wie heißen | **b** Ihr Name? |
| **3** Wie heißt | **c** dein Name? |
| **4** Wie ist | **d** Sie? |
| **5** Wie ist | **e** du? |
| **6** Ich heiße | **f** ist Timo Golz. |
| **7** Mein Name | **g** Tag. |

**2** Formell *(f)* oder informell *(inf)*?

**a** Wie heißen Sie? *(f)*
**b** Wie heißt du? (__)
**c** Wie ist dein Name? (__)
**d** Wie ist Ihr Name? (__)
**e** Hallo. (__)
**f** Guten Tag. (__)

**3** Was fehlt?

Ergänzen Sie.

> Tag – ist – Sie – ~~heißen~~ – Name – Ich –
> heißen – du – wie

**a** Wie *heißen* Sie?
**b** Hallo. Wie heißt _____?

**c** Mein _____ ist Bettina Ungermann.
**d** _____ heiße Sebastian.
**e** Und _____ heißt du?
**f** Guten _____. Wie _____ Ihr Name, bitte?
**g** Und _____? Wie _____ Sie, bitte?

### Grammatik

> **Formell / Informell**
>
> Formell:
> Sie → Wie heißen *Sie?*
> Ihr → Wie ist *Ihr* Name?
>
> Informell:
> du → Wie heißt *du?*
> dein → Wie ist *dein* Name?

## Formell oder informell?

Sehen Sie die Personen a–f an und ergänzen Sie die Fragen.

  (a)
 (b)
 (c)
 (d)
 (e)
 (f)

a　Wie heißt _____?
b　Wie _____ _____ Name?
c　_____ heißen _____?

d　_____ heißt _____?
e　Wie _____ _____?
f　_____ ist _____ _____?

# Abschnitt B

## Übungen

### Wie heißen die Wörter?

Ergänzen Sie.

> A – M – $T$ – a – s – W – t –T

a　Guten T*ag*.
b　Guten _orgen.
c　Gu_en _bend.
d　H_llo.
e　Auf _ieder_ehen.
f　_schüss.

### 2 Wann sagt man was?

Ergänzen Sie.

|  | Guten Morgen | Guten Tag | Guten Abend | Gute Nacht |
|---|---|---|---|---|
| 14.00 |  |  |  |  |
| 08.00 | ✓ |  |  |  |
| 23.00 |  |  |  |  |
| 10.00 | ✓ |  |  |  |
| 18.30 |  |  |  |  |

# Grammatik

### Wie heißt es richtig? Groß oder klein?

**Beispiel**
WIE IST DEIN NAME? → Wie ist dein Name?
ICH HEISSE ... → Ich heiße ...

Achtung: HEISSE/N, aber heiße/n (Doppel S = ß)

a　GUTE NACHT.

　_____

b　AUF WIEDERSEHEN.

　_____

c　ICH HEISSE ANNA.

　_____

**d**  GUTEN MORGEN, FRAU MATUSSEK.

_____

**e**  MEIN NAME IST TIM.

_____

**f**  WIE IST IHR NAME?

_____

**g**  WIE HEISSEN SIE?

_____

**h**  WIE IST DEIN NAME?

_____

# Abschnitte A & B

## Mehr Vokabeln

| **Mehr Begrüßungen** | |
| --- | --- |
| Grüß Gott | In Süddeutschland / Österreich: Guten Morgen, Guten Tag, Guten Abend |
| Grüezi | In der Schweiz: Guten Morgen, Guten Tag, Guten Abend |
| Servus | In Süddeutschland / Österreich: Auf Wiedersehen |
| Auf Wiederschauen | Auf Wiedersehen |

## Übungen

## I  Zahlen

Ergänzen Sie.

| sieben – vier – acht – zwei – sechs – neun – ~~eins~~ – drei – zehn – fünf |
| --- |

**I** = _eins_

**2** = _____

**3** = _____

**4** = _____

**5** = _____

**6** = _____

**7** = _____

**8** = _____

**9** = _____

**10** = _____

## 2

Rechnen Sie.

**a**  drei + vier = _sieben_

**b**  acht – fünf = _____

**c**  sieben + zwei = _____

**d**  vier + fünf = _____

**e**  sechs + drei – sieben = _____

**f**  acht – drei + vier = _____

**g**  sieben – drei – zwei = _____

**h**  eins + drei + zwei = _____

## 3  Acht große Städte in Europa

Einwohner in Millionen:

**I**  London 7,6

**2**  Berlin 3,4

**3**  Madrid 3,2

**4**  Athen 3,1

**5**  Rom 2,7

**6**  Paris 2,2

**7**  Lissabon 1,8

**8**  Hamburg 1,7

| **Neue Vokabeln** | |
| --- | --- |
| Einwohner | _inhabitants_ |
| Millionen | _millions_ |
| , = Komma | |

Schreiben Sie und sprechen Sie dann:

**a** *Nummer eins ist London. London hat sieben Komma sechs Millionen Einwohner.*

**b** Nummer zwei ist Berlin. Berlin hat _____
_____ .

**c** Nummer drei _____
_____ .

**d** Nummer _____
_____ .

**e** _____
_____ .

**f** _____
_____ .

**g** _____
_____ .

**h** _____
_____ .

# Abschnitte C & D

## Grammatik

---

**Das Alphabet**

**Aussprache (*Pronunciation*)**
Für die richtige Aussprache hören Sie zu!
(Kursbuch, Seite 15, Übung 13)

| | | | | | |
|---|---|---|---|---|---|
| A | ah | J | yot | S | es |
| B | beh | K | kah | T | teh |
| C | tseh | L | el | U | oo |
| D | deh | M | em | V | fow |
| E | eh | N | en | W | veh |
| F | ef | O | oh | X | iks |
| G | geh | P | peh | Y | upsilon |
| H | hah | Q | koo | Z | tset |
| I | ee | R | air | | |

Umlaute: Ä Ö Ü

ß „ ess tsett" oder scharfes S

---

# 1 Welche Buchstaben fehlen?

Ergänzen Sie.

---
m̶ – e – m – e – e – i – h – u – e – u – n – e – ß
---

**a** mein
**b** Nam_
**c** wi_
**d** hei_en
**e** b_tte
**f** ic_
**g** Si_
**h** d_
**i** T_lefon_um_er
**j** Handyn_mm_r

# 2 E-Mail-Adressen

Lesen Sie und sprechen Sie.

**Beispiel**
marionscholz@web.de → ist: m – a – r – i – o – n – s – c – h – o – l – z „at" web Punkt d – e.

**a** peterschmitt@web.de
**b** susimaus2@gmx.de
**c** m.wichmann8@yahoo.de
**d** axelmuskelmann@web.de
**e** i.kreuzer@alpha.com
**f** frankderbaer@yahoo.de

# Mehr Vokabeln

---

**Mehr Nummern und Adressen**

| | |
|---|---|
| Hausnummer | → Meine Hausnummer ist ... |
| Faxnummer | → Meine Faxnummer ist ... |
| E-Mail-Adresse | → Meine E-Mail-Adresse ist .... |

---

# Abschnitt E

## Übungen

### I Welches Wort fehlt?

Ergänzen Sie.

> wohne – in – Name – ~~komme~~ – Türkei –
> jetzt – heiße – Dänemark – aus – komme –
> ich

a Ich heiße Corinne Martin. Ich *komme* aus
  Frankreich, aus Toulon. Ich _____ in
  Hamburg.

b Mein _____ ist Elmar Schmeichel. Ich
  _____ aus Kopenhagen in _____, aber
  _____ wohne jetzt in Berlin.

c Ich heiße Gediz Yalman. Ich komme aus der
  _____ , aus Istanbul. Ich wohne
  _____ in Bremen.

d Ich _____ Elisabeth Fuhrmann. Ich komme
  _____ Wien in Österreich. Ich wohne
  jetzt _____ Hannover.

### 2 Welche Frage (A) passt zu welcher Antwort (B)?

**Beispiel**
I d Und woher kommen Sie, bitte? – Ich komme aus Nürnberg.

> **A**
> I  Und woher kommen Sie, bitte?
> 2  Wie heißen Sie, bitte?
> 3  Wo wohnen Sie jetzt?
> 4  Wie ist Ihre Telefonnummer?
> 5  Und wie heißt du?
> 6  Und wie schreibt man das?

> **B**
> a  Meine Telefonnummer ist 080-3754290.
> b  Ich wohne jetzt in Wien.
> c  Ich heiße Oli.
> d  Ich komme aus Nürnberg.
> e  Ich heiße Jennifer Kast.
> f  N – Ü – R – N – B – E – R – G.

### 3 Wie, wo, woher?

Ergänzen Sie.

a *Wie* heißen Sie?
b _____ kommen Sie?
c Und _____ wohnen Sie?
d _____ ist Ihr Name, bitte?
e Und _____ ist Ihre Handynummer?
f _____ wohnst du, Marion?
g Und _____ kommst du?
h _____ schreibt man das?

## Grammatik

> **Verbendungen**
>
> **Regelmäßige Endungen**
> ich → -e    komme   wohne   heiße
> du → -st    kommst  wohnst  heißt
> Sie → -en   kommen  wohnen  heißen
>
> Auch: trinken (*to drink*), hören (*to hear, to
> listen to*), studieren (*to study*)
>
> Achtung! arbeiten (*to work*):
> ich arbeite, du arbeitest, Sie arbeiten

## I Verbendungen

Ergänzen Sie.

**i**

**a** Wie heißt du?

Ich heiße Marion.

**b** Woher komm___ du?

Ich komm___ aus Berlin.

**c** Wo wohn___ du?

Ich wohn___ in London.

**d** Was studier___ du?

Ich studier___ Medizin.

**e** Was trink___ du?

Ich trink___ Tee.

**f** Was für Musik hör___ du?

Ich hör___ Musik von Amy Winehouse.

**ii**

**a** Wie heiß___ Sie?

Ich heiß___ Carsten Enke.

**b** Woher komm___ Sie?

Ich komm___ aus Wien.

**c** Wo wohn___ Sie?

Ich wohn___ jetzt in Salzburg.

**d** Was studier___ Sie?

Ich studier___ nicht. Ich arbeit___.

**e** Was für Musik hör___ Sie?

Ich hör___ klassische Musik.

## 2 Ein Porträt

Ergänzen Sie.

Hallo, ich **I** *heiße* (heißen) Sabine Ungermann.
Ich **2** _____ (kommen) aus
München. Ich **3** _____ (wohnen)
jetzt in Hamburg. Meine Telefonnummer ist
040-3576984 und meine Handynummer ist
01603655675. Meine E-Mail-Adresse ist
sungermann@yahoo.de. Ich
**4** _____ (studieren) Mathematik

und **5** _____ (arbeiten) bei
Siemens. Ich **6** _____ (hören)
klassische Musik und Jazzmusik.

> **Neue Vokabeln**
>
> ich arbeite bei        *I work for*

## 3 Und nun Sie!

Schreiben Sie ein Porträt.

> Hallo, ich heiße _____
>
> _____
>
> _____
>
> Ich komme _____
>
> _____
>
> _____
>
> Ich wohne _____
>
> _____
>
> _____
>
> Meine Telefonnummer ist _____
>
> _____
>
> und meine Handynummer ist _____
>
> _____
>
> Ich arbeite bei / studiere _____
>
> _____
>
> Ich höre _____
>
> _____

## Mehr Vokabeln

> **Mehr Fragen und Antworten**
>
> Wo arbeiten Sie? → Ich arbeite bei Siemens,
> BMW, etc.
> Was studieren Sie? → Ich studiere Medizin,
> Mathematik, etc.
> Was trinken Sie? → Ich trinke Tee, Kaffee,
> etc.
> Was für Musik hören Sie? → Ich höre
> klassische
> Musik, Jazz etc.

# Und zum Schluss

 I Sprechen

Ein Interview. Was sagen Sie?

**a**  Guten Tag.

**b**  Wie heißen Sie, bitte?

**c**  Und wie schreibt man das? Bitte buchstabieren Sie.

**d**  Woher kommen Sie, bitte?

**e**  Wo wohnen Sie jetzt?

**f**  Wie ist Ihre Telefonnummer?

**g**  Und wie ist Ihre Handynummer?

**h**  Wie ist Ihre E-Mail-Adresse?

**i**  Wo arbeiten Sie? / Was studieren Sie?

**j**  Was für Musik hören Sie?

 2 Lesen

*Text A Wortspiel*

Wie viele Wörter aus **Lektion I** finden Sie? Wir glauben, es gibt 30 Wörter.

| G | U | T | E | N | T | A | G | A | V | A | U | S |
|---|---|---|---|---|---|---|---|---|---|---|---|---|
| E | N | T | S | C | H | U | L | D | I | G | E | N |
| B | I | T | T | E | A | B | E | R | S | I | E | U |
| U | N | A | R | S | C | H | R | E | I | B | E | N |
| R | U | M | W | O | H | E | R | S | T | A | J | A |
| T | L | W | I | E | D | E | R | S | E | H | E | N |
| S | L | I | E | G | E | N | V | E | N | N | T | U |
| O | H | N | A | R | N | E | I | N | K | E | Z | M |
| R | I | E | B | I | N | U | E | M | A | N | T | M |
| T | E | L | E | F | O | N | R | F | R | A | G | E |
| K | L | A | R | U | N | D | I | S | T | E | H | R |
| B | U | C | H | S | T | A | B | I | E | R | E | N |

*Text B & Text C*
*Die Homepages von Jana Roth und von Franz Schumacher*
Lesen Sie Text B und Text C und ergänzen Sie dann die Informationen in der Box unten.

Hallo! Ich heiße Jana Roth. Ich komme aus Mainz, in Deutschland. Ich wohne jetzt in London. Meine Handynummer ist 07710974563. Meine E-Mail-Adresse ist Jana.Roth@ucl.ac.uk. Ich studiere Marketing hier in London. Ich höre klassische Musik und ich spiele Tennis.

Guten Tag. Mein Name ist Franz Schumacher. Ich komme aus Dresden. Ich wohne jetzt in München. Meine Telefonnummer ist 080-67021367 und meine Handynummer ist 01797884351. Meine E-Mail-Adresse ist franz.schuhmacher@gmail.de. Ich arbeite bei BMW in München. Ich höre Popmusik und ich spiele Fußball und Golf.

Ergänzen Sie die Informationen.

| Name: Jana Roth | Name: Franz Schumacher |
|---|---|
| **a** Wohnort: _____ | **a** Wohnort: _____ |
| **b** Geburtsort: _____ | **b** Geburtsort: *Dresden* |
| **c** E-Mail-Adresse: _____ | **c** E-Mail-Adresse: _____ |
| **d** Handynummer: _____ | **d** Handynummer: _____ |
| **e** Studium: *Marketing* | **e** Arbeit: _____ |
| **f** Sport: _____ | **f** Sport: _____ |

# 2 | Sprechen Sie Deutsch?

## Abschnitt A

### Übungen

#### 1 Zwei Dialoge

Ordnen Sie die zwei Dialoge.

**Dialog 1**

a   Auf Wiedersehen, Frau Peters.

b   Gut, danke. Und Ihnen, Herr Schmeichel?

c   Guten Tag, Frau Peters. Wie geht es Ihnen?

d   Auf Wiedersehen, Herr Schmeichel.

e   Das freut mich.

f   Ganz gut.

| 1 | 2 | 3 | 4 | 5 | 6 |
|---|---|---|---|---|---|
| c |   |   |   |   |   |

**Dialog 2**

a   Das freut mich.

b   Tschüss, Sabine.

c   Prima, danke.

d   Hallo, Marianne. Wie geht es dir?

e   Tschüss, Marianne.

f   Hallo, Sabine. Es geht. Und dir?

| 1 | 2 | 3 | 4 | 5 | 6 |
|---|---|---|---|---|---|
| d |   |   |   |   |   |

## 2 Welches Wort fehlt?

> geht's – wie – dir – Ihnen – nicht – Ihnen – Ausgezeichnet – Danke

a   Wie geht es _____, Peter?

_____, prima.

b   Wie geht es _____, Herr Schmidt?

_____, vielen Dank.

c   Hallo, Tina, wie _____?

Ach, _____ so gut.

d   Frau de Grille, _____ geht es Ihnen?

Gut, danke. Und _____?

## Grammatik

### Formell / Informell

**Formell:**
Sie → Wie geht es *Ihnen*? (großes I: *I*hnen)

**Informell:**
du → Wie geht es *dir*? (kleines d: *d*ir)

Gesprochenes Deutsch (*spoken German*):
geht es → geht's

Wie *geht es* dir, Tina? → Wie *geht's* dir, Tina?
Mir *geht es* gut. → Mir *geht's* gut.

(a)   (b)   (c)   (d)   (e)

## ❙ Formell oder informell?

Sehen Sie die Personen a–e an und ergänzen Sie die Dialoge.

**a** Wie geht es *dir*?
Danke, mir geht's *gut*.
**b** Wie geht es _____?
Mir geht's _____.
**c** _____?
Danke, nicht _____.
**d** _____?
Danke, mir geht's _____.
**e** _____?
Ganz _____, danke.

## Mehr Vokabeln

> **Wie geht's dir?**
> **Informell:**
>
> ☺                              ☹
>
> Mir geht es super.        Mir geht es mies.
> Mir geht es wunderbar.

# *Abschnitt B*

## Übungen

## ❙ Welches Wort fehlt?

> noch – kommt – schön – ~~wohnt~~ – Belgien –
> dort – in – Österreich – Schweiz –
> Deutschland – Empfangsdame

**a** Harald Zvornak kommt aus Berlin. Aber er *wohnt* nicht mehr in Berlin. Er wohnt jetzt in Frankfurt am Main. Frankfurt ist in _____.

**b** Maria Schott kommt aus Basel. Sie wohnt _____ in Basel. Basel liegt nicht in Deutschland, sondern in der _____.

**c** Marianne Eberle kommt aus Brüssel in _____. Sie wohnt aber nicht mehr _____. Sie ist jetzt _____ im Hotel Lindenhof in Düsseldorf.

**d** Martin Trautmann _____ aus Dresden. Er wohnt jetzt in Salzburg. Liegt Salzburg _____ der Schweiz? Nein! Es ist in _____ und es ist sehr _____.

## 2 Hauptstädte (*Capital cities*)

Verbinden Sie die Hauptstadt (A) mit dem Land (B):

| A<br>Hauptstadt | B<br>Land |
|---|---|
| London | Italien |
| Berlin | Estland |
| Moskau | Griechenland |
| Athen | Irland |
| Warschau | Großbritannien |
| Madrid | Portugal |
| Bern | Deutschland |
| Lissabon | Schweiz |
| Wien | Spanien |
| Tallin | Österreich |
| Dublin | Russland |
| Paris | Frankreich |
| Ankara | Polen |
| Rom | Türkei |

# 3 Richtig oder falsch?

**Beispiele**

Bremen liegt in Deutschland. →
Richtig! Bremen liegt in Deutschland.

Abba kommt aus Finnland. →
Falsch! Abba kommt nicht aus Finnland. Abba kommt aus Schweden.

a   Champagner kommt aus Belgien.
b   Warschau liegt in Polen.
c   Pizza kommt aus Spanien.
d   Salzburg liegt in Deutschland.
e   Sankt Petersburg liegt in Russland.
f   Der Eiffelturm steht in Frankreich, in Paris.
g   Das Brandenburger Tor ist in Österreich, in Wien.
h   Budapest liegt in der Tschechischen Republik.

# Grammatik

## Verbendungen

### Regelmäßige Verben
er, sie, es, man → **-t**: komm**t**, wohn**t**, lieg**t**, heiß**t**
Auch: trinken, hören, liegen, studieren, lieben (to love), spielen (to play)

### *Sein* ist irregulär:
ich → bin
er, sie, es, man → ist

## I Verbendungen.

Ergänzen Sie.

**i**
a   Oliver komm__ aus Berlin.
b   Er wohn__ jetzt aber in Hamburg.
c   Hamburg lieg__ in Norddeutschland.
d   Er hör__ klassische Musik.
e   Er spiel__ Eishockey.

**ii**
a   Miriam komm__ aus Griechenland, aus Athen.
b   Sie studier__ jetzt in München.
c   München is__ in Süddeutschland.
d   Sie lieb__ München.
e   Sie trink__ Bier und sie hör__ Musik aus Deutschland.
f   Sie spiel__ Trompete.

# 2 Zwei Porträts

Schreiben Sie ein Porträt von Claudia Meier und Manuel Santoz.

a   Ich heiße Claudia Meier. Ich komme aus Wien, aber ich wohne jetzt in Berlin. Ich studiere Musik. Ich höre britische Popmusik und spiele Gitarre in einer Band. Ich liebe Berlin.

Schreiben Sie:

Sie heißt Claudia Meier. Sie komm__ aus Wien, aber sie _____ jetzt in Berlin. Sie _____ Musik. Sie _____ und _____ Gitarre in einer Band. Sie _____ Berlin.

b   Ich heiße Manuel Santoz. Ich komme aus Spanien, aber ich wohne jetzt in Frankfurt. Ich bin Banker bei Santander. Ich höre moderne Flamenco-Musik. Ich spiele Fußball. Ich liebe Deutschland.

Schreiben Sie:

Er heißt Manuel Santoz. Er _____ aus Spanien, aber er _____ jetzt in Frankfurt. Er ist _____. Er _____ moderne Flamenco-Musik. Er _____ Fußball. Er _____ _____.

## Mehr Vokabeln

### Mehr Länder

| | |
|---|---|
| Tunesien | Indien |
| Nigeria | China |
| Südafrika | Japan |
| | |
| Kanada | Australien |
| Argentinien | Neuseeland |
| Chile | |

# Abschnitt C

## Übungen

### 1 Wie heißen die Zahlen?

**a**  vierundzwanzig = 24
**b**  zweiunddreißig = ____
**c**  siebenundvierzig = ____
**d**  neununddreißig = ____
**e**  zweiundsiebzig = ____
**f**  siebenundsechzig = ____
**g**  fünfundneunzig = ____
**h**  achtundachtzig = ____
**i**  dreiundneunzig = ____
**j**  sechsundzwanzig = ____
**k**  zweiundsechzig = ____
**l**  vierundneunzig = ____

## 2 Länder

Ordnen Sie zu.

> Argentinien – Australien – Neuseeland – Chile – China – Deutschland – Estland – Frankreich – Griechenland – Großbritannien –  ~~Indien~~ – Irland – ~~Italien~~ – Japan – Kanada – Nigeria – Österreich – Polen – Portugal – Russland – Schweiz – Spanien – Südafrika – ~~Tunesien~~ – USA

| Westeuropa | Osteuropa | Afrika | Südamerika | Nordamerika | Asien | Australasien |
|---|---|---|---|---|---|---|
| Italien | | Tunesien | | | Indien | |

# Grammatik

## Achtung! Zahlen

eins → *aber*: *ei*nundzwanzig, *ei*nunddreißig etc.
zwei → *aber*: zwanzig
drei, dreizehn → *aber*: dreißig, einunddreißig
                etc.
sechs → *aber*: sechzehn; sechzig,
              einundsechzig etc.
sieben → *aber*: siebzehn; siebzig, einundsiebzig
              etc.

## I Zahlen

Schreiben Sie.

**a** 22 = *zweiundzwanzig*

**b** 31 = _____

**c** 45 = _____

**d** 57 = _____

**e** 63 = _____

**f** 78 = _____

**g** 86 = _____

**h** 94 = _____

**i** 99 = _____

**j** 36 = _____

## 2 Adressen

Wo wohnen die Leute? Lesen Sie und sprechen Sie.

**Beispiel**
Harry Matussek, Berlin, Gartenstraße 27 →
*Harry Matussek wohnt in Berlin, Gartenstraße siebenundzwanzig.*

**a** Petra Schneider, Hannover, Bismarckstraße 14

**b** Anna Kosinska, Dresden, Berliner Straße 85

**c** Susi Sonne, Basel, Stadtweg 36 A

**d** Oli Meyer-Dubois, München, Blumenstraße 73

**e** Leon Winter, Wien, Beethovenstraße 23 B

**f** Ayse Dirgen, Stuttgart, Steinstraße 4

Und Sie? Wo wohnen Sie?

Ich wohne _____.

# Mehr Vokabeln

## Mehr Zahlen

1000 → (ein)tausend
100.000 → (ein)hunderttausend
1.000.000 → eine Million
1.000.000.000 → eine Milliarde

# *Abschnitt D*

## Übungen

## I Was fehlt?

Ergänzen Sie.

Spanisch und Französisch – ~~Berlin~~ – seit zwei Jahren bei der Telekom – Hannover – verheiratet – Deutsch – Claudia Scholz

**a** Name: _____

**b** Staatsangehörigkeit: _____

**c** Geburtsort: *Berlin*

**d** Wohnort: _____

**e** Sprachen: _____

**f** Familienstand: _____

**g** Arbeit: _____

## 2 Welches Wort passt nicht?

**Beispiel**
Deutsch, Französisch, Englisch, ~~Japaner~~

**a** verheiratet, arbeitslos, ledig, geschieden

**b** gut, ausgezeichnet, prima, schlecht

**c** Frau, Fräulein, Herr, Banker

**d** Bayern, Russland, Deutschland, Polen

**e** Österreicherin, Deutsche, Deutscher, Engländerin

**f** Guten Morgen, Auf Wiedersehen, Guten Tag, Gute Nacht

## 3 Land, Personen, Sprache

Ordnen Sie bitte zu.

England – Italienerin – Polin – Schottin – Deutscher – Waliser – Englisch – Frankreich – Spanier – Russland – Französisch – Amerikanerin – Japanisch – Chinese – Pole – Russin – Türkei – Brite – Türke – Spanierin – Russisch

| Land | ♂ -er/-e | ♀ -in | Sprache: (i)sch |
|---|---|---|---|
| Amerika | Amerikaner | | Englisch |
| Deutschland | | Deutsche! | Deutsch |
| | Engländer | Engländerin | |
| Italien | Italiener | | Italienisch |
| Japan | Japaner | Japanerin | |
| Wales | | Waliserin | Englisch / Walisisch |
| Spanien | | | Spanisch |
| | Franzose | Französin | |
| China | | Chinesin | Chinesisch |
| Großbritannien | | Britin | Englisch |
| Polen | | | Polnisch |
| | Russe | | |
| Schottland | Schotte | | Englisch / Gälisch |
| | | Türkin | Türkisch |

## 4 Woher kommen sie?

Ergänzen Sie.

**a**  Martin kommt aus Berlin. Er ist *Deutscher*. Er spricht *Deutsch*.

**b**  Tim kommt aus London. Er ist _____. Er spricht _____.

**c**  Yuko kommt aus Tokio. Sie ist _____. Sie spricht _____.

**d**  Katarina kommt aus Warschau. Sie ist _____. Sie spricht _____.

**e**  Frédérique kommt aus Paris. Er ist _____. Er spricht _____.

**f**  Iain kommt aus Glasgow. Er ist _____. Er spricht _____.

**g**  Egiarte kommt aus Valencia. Sie ist _____. Sie spricht _____.

# Grammatik (1)

## Verben – Achtung!

**Sprechen, arbeiten, sein:**

| | | | | |
|---|---|---|---|---|
| ich | → | -e | spreche | arbeite |
| du | → | -st | sprichst | arbeitest |
| Sie | → | -en | sprechen | arbeiten |
| er, sie, es | → | -t | spricht | arbeitet |

*Sein* **ist unregelmäßig:**
ich → bin
du → bist
Sie → sind
er, sie, es, man → ist

## 1 Wie heißt es richtig?

| | | **arbeiten** | **kommen** | **sprechen** | **wohnen** |
|---|---|---|---|---|---|
| ich | → | *arbeite* | _____ | _____ | _____ |
| du | → | _____ | _____ | *sprichst* | _____ |
| Sie | → | _____ | _____ | _____ | _____ |
| er, sie, es | → | _____ | _____ | _____ | _____ |

## 2 Verben

Ergänzen Sie.

**i**

**a** Ich heiß__ Marianne Schmidt.

**b** Ich wohn__ in Berlin.

**c** Ich sprech__ sehr gut Englisch.

**d** Spr__ du auch Englisch?

**e** Ulrike komm__ aus der Schweiz und Tina komm__ aus Deutschland.

**f** Klaus arbeit__ bei der EU.

**g** Carmen spr__ ein bisschen Arabisch.

**ii** Benutzen Sie *sein*.

**a** Ich b__ Deutscher.

**b** S__ Sie auch Deutscher?

**c** Claudia i__ ledig und Petra i__ verheiratet.

**d** Ich b__ nicht verheiratet.

**e** Peter i__ Engländer.

**f** B__ du auch Engländer?

**g** S__ Sie Japanerin?

# Grammatik (2)

## Fragen (1)

**Fragen mit *wo, woher, wie, was* etc.**
Das *Verb* ist das 2. Element:

| (1) | (2) | (3) |
|-----|-----|-----|
| Wo | *wohnen* | Sie? |
| Woher | *kommen* | Sie? |
| Wie | *ist* | dein Name? |

## Ja-Nein-Fragen
Das *Verb* ist das 1. Element:

| (1) | (2) | (3) |
|-----|-----|-----|
| *Sind* | Sie | verheiratet? |
| *Sprechen* | Sie | Deutsch? |
| *Bist* | du | Deutsche? |

## ▌Welche Frage (A) passt zu welcher Antwort (B)?

**A**

1  Wie heißen Sie, bitte?
2  Bist du verheiratet?
3  Sprechen Sie Englisch?
4  Welche Sprachen sprechen Sie?
5  Wie ist Ihre Adresse?
6  Bist du Engländerin?
7  Wo wohnst du?
8  Wo arbeiten Sie?
9  Sind Sie Schweizer?

**B**

a  Ich wohne in der Nähe von Hamburg.
b  Nein, ich bin Schottin.
c  Ich spreche natürlich Deutsch und auch sehr gut Französisch.
d  Nein, ich bin Österreicher.
e  Nein, ich bin ledig.
f  Ich arbeite bei Greenpeace.
g  Ich heiße Peter Neumann.
h  Meine Adresse ist 70173 Stuttgart, Carl-Benz-Straße 7.
i  Ja, ich spreche ein bisschen Englisch.

## Neue Fragen

Wie ist Ihre Adresse?  → Meine Adresse ist 70173 Stuttgart, Carl-Benz-Straße 7.
Wie ist deine Adresse?  → Meine Adresse ist London, NW3 5TU.

## **2** Ein Interview mit Carmen Galan

**i**

Wie heißen die Fragen? Schreiben Sie die Fragen in der Sie-Form.

**a** *Wie heißen Sie?*
Ich heiße Carmen Galan.

**b** _____?
Ich wohne in Heidelberg.

**c** _____?
Meine Adresse ist 69115 Heidelberg, Hegelstraße 4.

**d** _____?
Nein, ich bin Spanierin.

**e** _____?
Ich spreche natürlich Spanisch, Deutsch und auch ziemlich gut Englisch.

**f** _____?
Ja, ich bin seit zwei Jahren verheiratet.

**g** _____?
Ich arbeite zurzeit bei Aldi.

**ii**

Schreiben Sie nun die Fragen in der du-Form.

**Beispiel**
**a** Wie heißt du?

## **Mehr Vokabeln**

| **Mehr Sprachen** |
| --- |
| Ich spreche ... Arabisch. Bengali. Paschtu. Portugiesisch. Hindi. |

## *Und zum Schluss*

 **1** Sprechen

Ein Interview. Was sagen Sie?

**a** Guten Tag. Wie geht es Ihnen?
**b** Wie heißen Sie, bitte? Bitte buchstabieren Sie.
**c** Sind Sie Engländer/Engländerin?
**d** Woher kommen Sie?
**e** Wo wohnen Sie jetzt?
**f** Wie ist Ihre Adresse?
**g** Sprechen Sie Japanisch?
**h** Welche Sprachen sprechen Sie?
**i** Sind Sie verheiratet?
**j** Wo arbeiten oder studieren Sie zurzeit?
**k** Wie ist Ihre E-Mail-Adresse?
**l** Wie ist Ihre Handynummer oder Telefonnummer?

 **2** Lesen

Lesen Sie das Quiz über Deutschland, Österreich und die Schweiz auf Seite 18.

Beantworten Sie die Fragen.

# Ein kleines Quiz – Deutschland, Österreich und die Schweiz

Berlin ist die Hauptstadt von Deutschland und liegt in Ostdeutschland. Berlin hat 3,4 Millionen Einwohner.

Hamburg liegt in Norddeutschland und ist auch sehr groß. Es hat 1,75 Millionen Einwohner. Hannover ist auch in Norddeutschland und liegt nicht weit von Hamburg.

München liegt in Süddeutschland. München ist sehr schön und hat viele Biergärten.

In Westdeutschland liegen Köln, Bonn und Düsseldorf. Köln liegt in der Nähe von Bonn. Frankfurt liegt im Zentrum von Deutschland. Frankfurt hat viele Banken.

Die Hauptstadt von Österreich ist Wien. Wien hat 2,1 Millionen Einwohner. In Österreich liegen auch Innsbruck, Linz und Salzburg.
Basel und Zürich liegen in der Schweiz. Basel liegt nicht weit von Zürich. Die Hauptstadt von der Schweiz ist Bern. In der Schweiz spricht man Deutsch, Französich, Italienisch und Rätoromanisch.

## Welche Antwort ist richtig?

**a** Welche Stadt liegt in Ostdeutschland?
**i** Hamburg; **ii** Bonn; **iii** Berlin.

**b** Welche Stadt liegt nicht weit von Hamburg?
**i** Hannover; **ii** Dresden; **iii** Frankfurt.

**c** München liegt in Süddeutschland und nicht weit von ...
**i** Freiburg; **ii** Salzburg; **iii** Dresden.

**d** Köln liegt in der Nähe von ...
**i** Freiburg; **ii** Hamburg; **iii** Bonn.

**e** Frankfurt liegt ...
**i** in Westdeutschland; **ii** im Zentrum von Deutschland; **iii** in Süddeutschland.

**f** Innsbruck liegt nicht in der Schweiz, sondern in ...
**i** Frankreich; **ii** Österreich; **iii** Deutschland.

**g** Wo liegen Kiel und Rostock? Sie liegen ...
**i** in Norddeutschland; **ii** in Süddeutschland; **iii** in Westdeutschland.

**h** Straßburg liegt nicht in Deutschland, sondern ...
**i** in der Schweiz; **ii** in Frankreich; **iii** in Österreich.

**i** In der Schweiz spricht man ...
**i** eine Sprache; **ii** zwei Sprachen; **iii** drei Sprachen; **iv** vier Sprachen.

# 3 | Arbeit und Studium

## *Abschnitt A*

### Übungen

**1** Was ist das?

eine Kirche – ein Bahnhof – ein Biergarten –
eine Bank – ein Café – eine Bäckerei –
~~ein Hotel~~ – ein Kino – eine Kneipe – ein
Weihnachtsmarkt

Ordnen Sie zu.

**a** Das ist *ein Hotel*.
**b** Das ist _____
**c** Das ist _____
**d** Das ist _____
**e** Das ist _____
**f** Das ist _____
**g** Das ist _____
**h** Das ist _____
**i** Das ist _____
**j** Das ist _____

**2** Heißt es *der*, *die* oder *das*?

Ergänzen Sie.

**a** ein Hotel → *das Hotel*
**b** eine Bank                → _____
**c** ein Weihnachtsmarkt → _____
**d** _____ → _____
**e** _____ → _____
**f** _____ → _____
**g** _____ → _____
**h** _____ → _____
**i** _____ → _____
**j** _____ → _____

# Grammatik (1)

## Das Geschlecht (gender)
### Artikel

a) männlich (masculine)  →  der/ein Mann, Bahnhof

b) weiblich (feminine)  →  die/eine Frau, Adresse

c) sächlich (neuter)  →  das/ein Baby, Kino

Plural → die Bahnhöfe, Adressen, Babys

### Tipp – typische Endung für weibliche Nomen: -e →
die Adresse, Kirche, Sprache etc.
(Achtung! der Name, das Café)

## | der, die, das?

Ergänzen Sie.

Mann – Handynummer – Wohnort – Kneipe – Kirche – Café – Biergarten – Weihnachtsmarkt – Woche – Sprachschule – Bier – Frau – Geburtsort – Bahnhof – Sprache

| der | die | das |
|---|---|---|
| Name | Telefonnnummer | Kino |
| _____ | Faxnummer | Hotel |
| _____ | _____ | Zentrum |
| _____ | Arbeit | _____ |
| _____ | _____ | _____ |
| _____ | Visitenkarte | |
| | Adresse | |
| | Empfangsdame | |
| | _____ | |
| | _____ | |
| | _____ | |
| | _____ | |
| | _____ | |

## 2 Heißt es der/ein, die/eine oder das/ein?

Ergänzen Sie.

**a** Das ist *ein* Hotel. *Das* Hotel heißt Hotel Adler. _____ Hotel ist in Celle. Celle ist _____ Stadt in Norddeutschland. _____ Hotel ist sehr alt.

**b** _____ Kirche heißt Gedächtniskirche. _____ Gedächtniskirche ist _____ Kirche in Berlin. Berlin ist _____ Hauptstadt von Deutschland. Es ist _____ alte Kirche im Zentrum von Berlin.

**c** Das ist _____ Bank. _____ Bank heißt Deutsche Bank. _____ Deutsche Bank ist sehr groß.

**d** Das ist _____ Paulaner Biergarten in München. München ist _____ Stadt in Süddeutschland und es ist _____ Hauptstadt von Bayern. Der Paulaner Biergarten ist _____ Biergarten in München. München hat viele Biergärten.

**e** Das ist _____ Sprachschule. _____ Sprachschule heißt Eurotalk und ist in Hamburg. Hamburg ist _____ Hafenstadt. _____ Stadt ist groß und hat 1,7 Millionen Einwohner.

# Grammatik (2)

**Das Geschlecht (gender)**

**Possessivpronomen** (*mein/lhr/dein*) **+ Endungen:**

a) mit männlichen Nomen → mein/lhr/dein Name
b) mit weiblichen Nomen → meine/lhre/deine Adresse
c) mit sächlichen Nomen → mein/lhr/dein Hotel

Plural → meine/lhre/deine Namen, Adressen, Hotels

## ▌ *Mein* oder *meine?*

Ergänzen Sie.

**Beispiel**
Wie ist Ihre Adresse? →
Meine Adresse ist Berliner Straße 75.

**a** Wie ist Ihr Name?
_____ Name ist Carsten Martini.

**b** Ist das Ihre Visitenkarte?
Nein, das ist nicht _____ Visitenkarte.

**c** Woher kommt Ihre Frau?
_____ Frau kommt aus Spanien.

**d** Wie ist deine E-Mail-Adresse?
_____ E-Mail-Adresse ist
gerd.baumann@web.de.

**e** Wie heißt dein Mann?
_____ Mann heißt Tommy.

**f** Wie ist deine Telefonnummer?
_____ Telefonnummer ist 040-365028.

**g** Ist das dein Bier?
Ja, das ist _____ Bier. Ich liebe Weizenbier.

## Mehr Vokabeln

**Mehr Gebäude**

der Supermarkt     das Museum
die Universität    das Restaurant
die Bank

# *Abschnitt B*

## Übungen

## ▌ Berufe

Wie viele Berufe finden Sie? Wir glauben, es gibt 18 Wörter.

| A | M | U | S | I | K | E | R | R | T | J | O | S | E |
|---|---|---|---|---|---|---|---|---|---|---|---|---|---|
| R | A | S | T | N | U | S | T | A | R | O | N | D | F |
| Z | A | S | U | T | N | K | A | M | A | U | R | E | R |
| T | R | E | D | K | D | A | X | B | K | R | E | S | I |
| I | M | K | E | A | E | T | I | O | E | N | A | I | S |
| N | H | R | N | U | N | I | F | M | L | A | L | G | E |
| E | A | E | T | F | B | S | A | E | L | L | S | N | U |
| A | U | T | O | M | E | C | H | A | N | I | K | E | R |
| P | S | Ä | L | A | R | H | R | T | E | S | O | R | I |
| O | F | R | F | N | A | L | E | R | R | T | C | I | N |
| L | R | I | O | N | T | E | R | U | I | I | H | N | T |
| W | A | N | D | E | E | R | E | B | A | N | K | E | R |
| R | U | H | V | E | R | K | Ä | U | F | E | R | I | N |

## 2 Verbinden Sie Beruf (A) mit der Aktivität (B)

| A | | B | |
|---|---|---|---|
| I | Kundenberaterin | a | kocht Pasta, Suppe etc. |
| 2 | Automechaniker | b | repariert Computer |
| 3 | Köchin | c | spielt Gitarre, Violine etc. |
| 4 | Student | d | spricht mit Kunden |
| 5 | Sekretärin | e | macht T-Shirts, Blusen etc. |
| 6 | Kellner | f | repariert Autos |
| 7 | Designerin | g | arbeitet im Büro, schreibt E-Mails, telefoniert |
| 8 | Musiker | h | studiert an einer Universität |
| 9 | PC-Techniker | i | bringt Bier, Wasser, Kaffee etc. |

## 3 Ergänzen Sie den Dialog

Deutscher – seit – heiße – Tischler – großartig – meine – Deutsch – Beruf – Engländerin

| | |
|---|---|
| **Hermann** | Willkommen in Dresden! Mein Name ist Hermann Hümmer. Können Sie vielleicht **I**_____ sprechen? |
| **Bernd** | Guten Tag! Ja, ich spreche Deutsch. Ich **2**_____ Bernd Brückner. |
| **Hermann** | Das ist ja **3**_____! Sind Sie denn **4**_____? |
| **Bernd** | Ja, aber **5**_____ Frau ist **6**_____, und ich wohne **7**_____ acht Jahren in England. |
| **Hermann** | Ach so. Und was sind Sie von **8**_____? |
| **Bernd** | Ich bin **9**_____ . |

## Grammatik

**Berufe**

**Weibliche Berufe: + -in**

| *männlich* | | *weiblich* |
|---|---|---|
| Banker | → | Bankerin |
| Journalist | → | Journalistin |

! Achtung:

| Arzt | → | Ärztin |
|---|---|---|
| Koch | → | Köchin |
| Krankenpfleger | → | Krankenpflegerin/ Krankenschwester |
| Angestellter | → | Angestellte |

**seit**
Ich arbeite seit ein**em** Jahr bei Eurosport.
Ich arbeite seit zwei/drei/sieben Jahr**en** bei der Deutschen Bank.

## I Wie heißen die weiblichen Berufe?

a  Ingenieur → *Ingenieurin*

b  Kundenberater → _____

c  Manager → _____

**d** Kellner → _____

**e** Journalist → _____

**f** Taxifahrer → _____

**g** Busfahrer → _____

**h** Verkäufer → _____

**i** Designer → _____

**j** Friseur → _____

**k** Arzt → _____

**l** Koch → _____

**m** Krankenpfleger → _____

**n** Bankangestellter → _____

## 2 Ein Interview mit Herrn Bremer

Ergänzen Sie. Antworten Sie für Herrn Bremer. Hier sind die Details:

---

**Herr Bremer**

Er ist PC-Techniker von Beruf.
Er arbeitet seit fünf Jahren bei Toshiba.
Seine Frau ist Irin und Englischlehrerin.
Sie lebt seit 15 Jahren in Deutschland.

---

**a** Was sind Sie von Beruf, Herr Bremer?
*Ich bin PC-Techniker.*

**b** Und wo arbeiten Sie?

_____

**c** Und seit wann arbeiten Sie dort?

_____

**d** Und Ihre Frau? Ist sie auch berufstätig?

_____

**e** Oh, ist Ihre Frau Engländerin?

_____

**f** Aha, und seit wann lebt sie schon in Deutschland?

_____

# Mehr Vokabeln

---

**Mehr Berufe**

| | | |
|---|---|---|
| Finanzberater | → | Finanzberaterin |
| Fotograf | → | Fotografin |
| Psychologe | → | Psychologin |
| Soldat | → | Soldatin |
| Zahnarzt | → | Zahnärztin |

---

# *Abschnitt C*

## Übungen

### 1 Wie heißen die Studienfächer?

Ergänzen Sie.

**a** Maria liebt Shakespeare.
Sie studiert *A n g l i s t i k*.

**b** Ansgar findet Zahlen interessant.
Er studiert M _ t h _ m _ t i k.

**c** Johanna findet Management gut.
Sie studiert B _ L.

**d** Karin und Annabel lieben Sprachen.
Sie studieren R_ _ _ni_ _ _ k.

**e** Nadine findet Einstein toll.
Sie studiert _ _ y s _ _.

**f** Fahim liebt Computer.
Er studiert I n f _ _ m a t _ _.

### 2 Welches Wort fehlt?

---

Politik – ~~Studenten~~ – seit – Stadtzentrum –
Heidelberg – langweilig – Wohnung –
interessant

---

**a** Susanne und Carsten sind beide *Studenten*.

**b** Susanne studiert Chemie und Carsten studiert

_____.

c Sie studieren an der Universität in

_____.

d Beide studieren _____ drei Jahren.

e Susanne findet Chemie sehr gut. Sie sagt, es ist

_____.

f Carsten findet Politik _____.

g Beide haben eine _____ im

_____.

# Grammatik (1)

**Verbendungen**

**Endungen im Plural**

| wir | → | -en | wohnen | sprechen | arbeiten |
|-----|---|-----|--------|----------|----------|
| Sie | → | -en | wohnen | sprechen | arbeiten |
| ihr | → | -t | wohnt | sprecht (!) | arbeitet (!) |
| sie | → | -en | wohnen | sprechen | arbeiten |

**Das Verb *sein* ist unregelmäßig:**

| ich | → | bin | wir | → | sind |
|-----|---|-----|-----|---|------|
| du | → | bist | Sie | → | sind |
| Sie | → | sind | ihr | → | seid |
| er, sie, es | → | ist | sie | → | sind |

## ▌ Verbendungen

Ergänzen Sie.

**i**

a Was mach__ wir heute?

b Wir arbeit__ beide in Hamburg.

c Wir hör__ oft klassische Musik.

d Wir s____ verheiratet. (*sein*)

**ii**

a Wie heiß__ Sie?

b Was hör__ Sie?

c Woher s____ Sie? (*sein*)

d Was s____ Sie von Beruf? (*sein*)

**iii**

a Wie heiß__ ihr?

b Woher komm__ ihr?

c Wo wohn__ ihr?

d Seit wann arbeit__ ihr?

e Sprech__ ihr Englisch?

f Trink__ ihr Kaffee oder Tee?

g Hab__ ihr eine Wohnung?

h S____ ihr Studenten? (*sein*)

**iv**

a Tim und Sebastian komm__ beide aus Berlin.

b Sie wohn__ beide seit zwei Jahren in Frankfurt und studier__ dort.

c Tim und Sebastian spiel__ oft Fußball und hör__ klassische Musik.

**d** Sie arbeit__ beide auch.

**e** Tim arbeit__ als Kellner und Sebastian arbeit__
als Taxifahrer.

## 2 Wie heißen die Fragen?

Benutzen Sie die *ihr*-Form.

**a** *Wie heißt ihr?*
Hallo, ich heiße Camilla und das ist Maria.

**b** _____?
Wir kommen beide aus Warnemünde.

**c** _____?
Warnemünde liegt in Norddeutschland, in der
Nähe von Rostock.

**d** _____?
Ja, wir sind beide Studenten.

**e** _____?
Wir studieren beide Geschichte.

**f** _____?
Wir studieren in Berlin, an der Humboldt-
Universität.

**g** _____?
Wir studieren seit zwei Jahren.

**h** _____?
Ja, es ist sehr interessant. Es ist fantastisch.

# Grammatik (2)

### Zahlen – 100+

**Zahlen sind ein Wort:**
88 → achtundachtzig
122 → einhundertzweiundzwanzig
10220 → zehntausendzweihundertzwanzig

Achtung!
1.200.000 → eine Million
                zweihunderttausend
4.370.000 → vier Millionen
                dreihundertsiebzigtausend

## I Welche Zahl ist das?

**Beispiel**
93      dreiundneunzig ✓
          neununddreißig

87      achtundsiebzig
          siebenundachtzig
113     einhunderteinunddreißig
          einhundertdreizehn
230     zweihundertdreißig
          dreihundertzwanzig
647     sechshundertsiebenundvierzig
          sechshundertsiebenundfünfzig
926     neunhundertsechsundzwanzig
          neunhundertsechzehn
1482    eintausendachthundertzweiundvierzig
          eintausendvierhundertzweiundachtzig
2588    zweitausendfünfhundertachtundachtzig
          zweitausendfünfhundertachtzig
26419   sechsundzwanzigtausendvierhundert-
          neunzehn
          sechsundzwanzigtausendvierhundert-
          neunzig

## 2 Mehr Zahlen

Schreiben Sie und sprechen Sie.

140 → *(ein)hundertvierzig*
180 → _____
219 → _____
690 → _____
742 → _____
955 → _____
1450 → _____
12322 → _____
_____
27895 → _____
_____

## 3 Sechs deutsche Universitäten – Studentenzahlen

| | | |
|---|---|---|
| **a** | Freie Universität Berlin | 31.637 |
| **b** | Humboldt Universität zu Berlin | 34.612 |
| **c** | Universität Hamburg | 35.587 |
| **d** | Universität zu Köln | 42.020 |
| **e** | Universität Leipzig | 29.029 |
| **f** | Technische Universität Dresden | 35.133 |

Schreiben Sie und sprechen Sie.

**a** Die Freie Universität Berlin hat
*einunddreißigtausendsechshundertsiebenund-
dreißig Studenten.*

**b** Die Humboldt Universität zu Berlin hat
_____ .

**c** Die Universität Hamburg _____
_____ .

**d** Die Universität zu Köln _____
_____ .

**e** Die Universität Leipzig _____
_____ .

**f** _____
_____ .

## Mehr Vokabeln

**Arbeit & Studium**

Ich finde meine Arbeit / mein Studium ist:

| | |
|---|---|
| interessant | langweilig |
| gut | schlecht |
| nicht stressig | (sehr) stressig |
| einfach | kompliziert |

## *Und zum Schluss*

 **I** Sprechen

Ein Interview. Was sagen Sie?

**a** Guten Tag.
**b** Wie geht's?
**c** Wie ist Ihr Name, bitte?
**d** Woher kommen Sie?
**e** Wo liegt die Stadt?
**f** Wie ist die Stadt?
**g** Arbeiten Sie oder studieren Sie?
**h** Was sind Sie von Beruf? / Was studieren Sie?
**i** Wo arbeiten Sie? / Wo studieren Sie?
**j** Seit wann arbeiten Sie? / Seit wann studieren Sie?
**k** Wie finden Sie Ihre Arbeit? / Wie finden Sie Ihr Studium?

**2 Lesen**

## Die Ruprecht-Karls-Universität Heidelberg

RUPRECHT-KARLS-
# UNIVERSITÄT
# HEIDELBERG
EXZELLENZUNIVERSITÄT

Die Universität Heidelberg ist die älteste Universität Deutschlands. Sie existiert seit 1386. Die ersten Professoren kamen aus Paris und Prag.

Zu Beginn war die Universität Heidelberg eine katholische Universität. Aber im Jahre 1556 wurde sie evangelisch (protestantisch).

Im 19. Jahrhundert war die Universität Heidelberg eine liberale Universität. Studenten kamen aus vielen Ländern nach Heidelberg.

Die Universität hat neun Nobel-Preis-Träger. Bei den „World University Rankings" liegt die Universität Heidelberg oft auf Platz eins in Deutschland.

An der Universität Heidelberg studieren jetzt mehr als 27.500 Studenten. Mehr als 5.000 von diesen Studenten sind Ausländer (nicht Deutsche).

Die Universität hat auch ein Center in Santiago de Chile. Dort können Studenten seit 2002 zum Beispiel „International Law" oder „Investment and Trade" studieren.

Die Universität ist sehr wichtig für die Stadt Heidelberg. Mehr als 15000 Menschen arbeiten für die Universität.

Mehr Informationen auf Deutsch und Englisch finden Sie unter: http://www.uni-heidelberg.de

### Welche Antwort stimmt?

**a** Die Universität Heidelberg ist die älteste Universität
  **i** in Deutschland; **ii** in deutschsprechenden Ländern.

**b** Von 1386 bis 1556 war die Universität
  **i** evangelisch; **ii** katholisch.

**c** Im 19. Jahrhundert hatte die Universität Heidelberg Studenten
  **i** nur aus Deutschland; **ii** aus vielen Ländern.

**d** In Deutschland liegt die Universität Heidelberg in den Rankings oft
  **i** auf Platz Nummer neun; **ii** auf dem ersten Platz.

**e** An der Universität Heidelberg studieren
  **i** mehr als 27.500 Studenten; **ii** 27.500 ausländische Studenten.

**f** Die Universität hat
  **i** auch ein Center in Chile; **ii** noch kein Center in Chile.

**g** Auf der Webseite kann man Informationen
  **i** nur auf Deutsch finden; **ii** auf Deutsch und auf Englisch finden.

# 4 | Familie und Freizeit

## Abschnitt A

### Übungen

### 1 Was machen die Leute?

Verbinden Sie Satzteil A mit Satzteil B.

| A | B |
|---|---|
| **1** Herr Scholz arbeitet | **a** in München. |
| **2** Er spricht | **b** von J.K. Rowling. |
| **3** Martina hört | **c** Gitarre. |
| **4** Carsten schreibt | **d** Kaffee? |
| **5** Timo und Kai essen | **e** Englisch. |
| **6** Trinkt ihr | **f** Hip-Hop-Musik. |
| **7** Susanne wohnt | **g** im Garten. |
| **8** Johann spielt | **h** Mathematik. |
| **9** Monica studiert | **i** eine E-Mail. |
| **10** Wir lesen ein Buch | **j** eine Pizza. |

### 2 Was passt zusammen?

| | eine CD | eine SMS | Bier | Sushi | ein Buch |
|---|---|---|---|---|---|
| kaufen | | | | | |
| hören | | | | | |
| essen | | | | | |
| schreiben | | ✓ | | | |
| trinken | | | | | |
| lesen | | ✓ | | | |
| spielen | | | | | |

## Grammatik

### Verben

#### Verben mit Vokalwechsel (*vowel change*)

Achtung! Vokalwechsel nur in der *du* und *er/sie/es*-Form:

| | | | | |
|---|---|---|---|---|
| ich | → | spreche | lese | esse |
| !du | → | sprichst | liest | isst |
| Sie | → | sprechen | lesen | essen |
| !er, sie, es | → | spricht | liest | isst |
| wir | → | sprechen | lesen | essen |
| ihr | → | sprecht | lest | esst |
| Sie, sie | → | sprechen | lesen | essen |

# I Verbendungen.

Wie heißt es richtig?

**i**

**a** Ich _____ ein bisschen Italienisch. (sprechen)

**b** Carola _____ Englisch und Japanisch. (sprechen)

**c** Und welche Sprachen _____ Sie? (sprechen)

**d** _____ ihr Englisch? (sprechen)

**ii**

**a** Ich _____ ein Buch über Barack Obama. (lesen)

**b** _____ du viel? (lesen)

**c** Er _____ oft Comics. (lesen)

**d** _____ ihr Harry Potter? (lesen)

**iii**

**a** Ich _____ ein Sandwich. (essen)

**b** _____ du gern Fish und Chips? (essen)

**c** Miriam _____ viel Salat. (essen)

**d** _____ wir heute im Restaurant? (essen)

## 2 Essen, sprechen oder lesen?

Ergänzen Sie.

**Martina**  Hallo, Tim! Was machst du?

**Tim**  Ich I_____ ein Buch über John F. Kennedy.

**Martina**  2_____ du auf Englisch oder auf Deutsch?

**Tim**  Auf Englisch. Ich bin Amerikaner.

**Martina**  Was! Du 3_____ aber gut Deutsch!

**Tim**  Danke. 4_____ du auch Englisch?

**Martina**  Ja. Ich 5_____ auch Japanisch. Meine Mutter kommt aus Japan. Zu Hause 6_____ wir Japanisch.

**Tim**  Ach so! Und 7_____ du zu Hause auch japanisch, zum Beispiel Sushi?

**Martina**  Ja, natürlich! Ich 8_____ sehr gern japanisch.

**Tim**  Ich auch! Gehen wir zusammen 9_____?

# Mehr Vokabeln

| Mehr Verben mit Vokalwechsel | | |
|---|---|---|
| sehen | → | Ich sehe einen Film. *Si*ehst du einen Film? Er s*ie*ht eine DVD mit Brad Pitt. |
| treffen | → | Ich treffe eine Freundin. Tr*iff*st du deine Schwester? Er tr*iff*t Freunde. |
| sehen | *to watch/to see* | |
| treffen | *to meet* | |

# *Abschnitt B*

## Übungen

# I Eine Umfrage

Ergänzen Sie den Dialog.

> fotografiere – Karate – Umfrage – Joggen – haben – nicht – Ihr – spiele – ~~Tag~~ – Fitnesscenter – mein

**Journalist**  Guten I *Tag*. Wir machen eine 2_____. Was ist 3_____ Hobby, bitte?

**Petra**  Mein Hobby? Also, 4_____ Hobby ist Fotografie. Ich 5_____ gern.

**Journalist**  Und 6_____ Sie noch ein Hobby?

| Petra | Ja, Sport. |
| **Journalist** | **7**_____ Sie gern? |
| **Petra** | Nein, ich jogge **8**_____ gern. Aber ich **9** _____ gern Tennis. Ich gehe auch oft ins **10**_____. Und ich mache **11**_____. |
| **Journalist** | OK, vielen Dank. |

## 2 Spielen oder machen?

Ergänzen Sie.

| | spielen | machen |
|---|---|---|
| Fußball | ✓ | |
| Tai-Ch | | ✓ |
| Yoga | | |
| Rugby | | |
| Badminton | | |
| Karate | | |
| Jiu-Jitsu | | |
| Golf | | |
| Basketball | | |
| Nordic-Walking | | |
| Gitarre | | |

## 3 Was tun Sie gern?

Sagen Sie es anders.

**Beispiele**
Mein Hobby ist Lesen. → Ich lese gern.
Mein Hobby ist Yoga. → Ich mache gern Yoga.

**a** Mein Hobby ist Fotografieren.
   Ich _____ gern.
**b** Mein Hobby ist Schwimmen.
   Ich _____ gern.
**c** Mein Hobby ist Reisen.
   Ich _____ gern.
**d** Mein Hobby ist Surfen.
   Ich _____ gern.
**e** Mein Hobby ist Joggen.
   Ich _____ gern.
**f** Mein Hobby ist Badminton.
   Ich _____ gern Badminton.
**g** Mein Hobby ist Kochen.
   Ich _____ gern.
**h** Mein Hobby ist Tai-Chi.
   Ich _____ gern Tai-Chi.

# Grammatik

**gern**

Ich lese **gern**.
Ich gehe **gern** ins Kino.

Ich lese **nicht gern**.
Ich gehe **nicht gern** ins Kino.

## 1 Was macht Marion gern? Was macht sie nicht gern?

Schreiben Sie.

**a**  ✓ *Marion isst gern Pizza.*

**b** ✓ _____

**c**  ✓ _____

d  ✓_____

e  ✗ *Sie spielt nicht gern Tennis.*

f  ✗_____

g  ✓_____

h  ✓_____

i  ✗_____

j  ✗_____

k  ✓_____

## 2 Und Sie?

Schreiben Sie und sprechen Sie dann.

**Beispiel**
Welche Musik hören Sie gern?
Welche Musik hören Sie nicht gern? →
Ich höre gern Salsa-Musik, *aber* ich höre nicht gern
klassische Musik.

a   Welche Musik hören Sie gern?
    Welche Musik hören Sie nicht gern?
b   Was trinken Sie gern?
    Was trinken Sie nicht gern?
c   Was lesen Sie gern?
    Und was lesen Sie nicht gern?
d   Was essen Sie gern?
    Und was essen Sie nicht gern?
e   Was machen Sie gern?
    Und was machen Sie nicht gern?

## Mehr Vokabeln

### Mehr Aktivitäten

Motorrad fahren
Ski fahren
im Internet surfen
im Internet chatten
simsen (eine SMS schicken)

# *Abschnitt C*

## Übungen

### 1 Welches Wort passt?

Wassersport – Stadt – Hobby – Sprache –
Musik – Beruf – ~~Buch~~

a   *Buch* : Krimi, Biografie, Roman
b   _____ : Französisch, Englisch, Italienisch
c   _____ : Geschichtslehrerin, Sekretärin,
                  Ärztin
d   _____ : Segeln, Surfen, Schwimmen
e   _____ : Wandern, Joggen, Kochen
f   _____ : Gitarre, Indierock, Instrument
g   _____ : München, Köln, Berlin

## 2 Positiv, negativ

Wie heißen die Wörter?

**a** Michael macht gern Sport. Er findet Sport *klasse*.

**b** Cindy hasst Girlbands. Sie findet Girlbands d _ _ f.

**c** Frank studiert nicht gern. Er findet BWL la _ gw _ _lig.

**d** Paula mag Hamburg. Sie findet Hamburg sch_ n.

**e** Ich lese gern. Ich finde Biografien i _ter _ _ _ ant.

**f** Ich mag Tennis. Ich finde Tennis fa _ t _ st_ _ _ _ .

# Mehr Grammatik

### Achtung – gern vs. mögen

1 gern + *Verb* → Ich *lese* gern Biografien. Ich *spiele* gern Tennis.

2 mögen + *Nomen* → Ich mag *Biografien*. Ich mag *Tennis*.

Falsch:  ! Ich mag Biografien ~~lesen~~. X
         ! Ich mag Tennis ~~spielen~~. X

### *Mögen* ist unregelmäßig:

| | |
|---|---|
| Ich mag Tennis. | Wir mögen Tennis. |
| Magst du Tennis? | Mögt ihr Tennis? |
| Mögen Sie Tennis? | Mögen Sie Tennis? |
| Er/Sie mag Tennis. | Sie mögen Tennis. |

## 1 Was mögen diese Leute?

Sagen Sie es anders.

**Beispiel**
Ich trinke gern Rotwein. →
Ich mag Rotwein.

**a** Er hört gern klassische Musik.

_____

**b** Spielst du gern Schach?

_____

**c** Ich lese gern die Süddeutsche Zeitung.

_____

**d** Er macht gern Nordic-Walking.

_____

**e** Sie isst gern Sushi.

_____

## Mehr Vokabeln

| war (*was/were*) | |
|---|---|
| ich | → war |
| du | → warst |
| Sie | → waren |
| er/sie/es | → war |

# Abschnitt D

## Übungen

### 1 Familie

Wie viele Wörter finden Sie? Wir glauben, es gibt 20 Wörter.

| F | A | M | I | L | I | E | S | O | H | N | G | A | H | S |
|---|---|---|---|---|---|---|---|---|---|---|---|---|---|---|
| B | R | U | D | E | R | I | C | T | A | B | R | V | U | C |
| V | E | R | K | N | P | S | H | O | P | A | O | E | N | H |
| A | S | T | A | K | A | C | W | C | R | C | ß | R | D | W |
| T | A | N | T | E | R | H | E | H | A | K | M | L | O | Ä |
| E | R | I | Z | L | T | W | S | T | N | E | U | O | N | G |
| R | A | C | E | K | N | A | T | E | O | R | T | B | K | E |
| S | C | H | W | I | E | G | E | R | M | U | T | T | E | R |
| A | H | T | I | N | R | E | R | L | A | P | E | E | L | I |
| B | E | E | N | D | E | R | A | M | N | A | R | R | E | N |

### 2 Familienmitglieder

Wie heißt die weibliche Form?

a der Vater → *die Mutter*

b der Sohn → _____

c der Bruder → _____

d der Großvater → _____

e der Opa → _____

f der Onkel → _____

g der Cousin → *die Cousine*

h der Schwiegersohn → _____

i der Enkelsohn → _____

j der Neffe → *die Nichte*

# Grammatik (1)

## Possessivpronomen

### Possessivpronomen mit männlichen, weiblichen + sächlichen Nomen

|  | | **männlich (m)** | **weiblich (f)** | **sächlich (nt)** |
|---|---|---|---|---|
| ich | → | mein Bruder | meine Schwester | mein Baby |
| du | → | dein Bruder | deine Schwester | dein Baby |
| Sie | → | Ihr Bruder | Ihre Schwester | Ihr Baby |
| er/es | → | sein Bruder | seine Schwester | sein Baby |
| sie | → | ihr Bruder | ihre Schwester | ihr Baby |
| Plural | → | meine, deine, Ihre, seine, ihre Brüder/Schwestern/Babys | | |

## I Zwei Porträts

### i Klaus von Bärwitz

Ergänzen Sie.

a  *Sein* Name ist Klaus von Bärwitz.

b  Maria ist _____ Frau.

c  Caspar und Carla sind _____ Kinder.

d  _____ Sohn Caspar ist 14 Jahre alt und _____ Tocher Carla ist neun Jahre alt.

e  Was _____ Hobby ist? Er mag Opernmusik.

### ii Claudia Treumann

Ergänzen Sie.

a  *Ihr* Name ist Claudia Treumann.

b  _____ Beruf ist Fotomodell.

c  _____ Schwester ist Studentin und _____ Bruder ist Architekt.

d  _____ Eltern wohnen in Köln.

e  Was _____ Handynummer ist? Keine Ahnung.

## 2 Mika und Isabel sprechen über ihre Familien

Ergänzen Sie: mein/meine, dein/deine, ihr/ihre, sein/seine?

**Mika**  Isabel? Hast du noch Geschwister?
**Isabel**  Ja, eine Schwester und einen Bruder.
**Mika**  Und wie heißt 1_____ Schwester?
**Isabel**  2_____ Name ist Sylvia.
**Mika**  Und wie heißt 3_____ Bruder?
**Isabel**  Er heißt Tim.
**Isabel**  Und was macht 4_____ Bruder?
**Mika**  5_____ Bruder ist Banker. Er ist verheiratet und 6_____ Frau ist auch Bankerin.

## Grammatik (2)

**Plural (1)**

**Tipp: Typische Plural-Endungen für Nomen:**

|  |  |  | Singular | Plural |
|---|---|---|---|---|
| -er | → | -n | Schwester | Schwestern *oder* |
| -er | → | ¨ | Vater | Väter |
|  |  |  |  |  |
| -e: | → | -n | Tante | Tanten |
| -in: | → | -nen | Bankerin | Bankerinnen |

## I Wie heißt es richtig?

Ergänzen Sie.

|  | Singular | Plural |
|---|---|---|
| a | Handynummer | *Handynummern* |
| b | Telefonnummer | _____ |
| c | Schwester | _____ |
| d | _____ | *Mütter* |
| e | Vater | _____ |
| f | Tochter | _____ |
| g | Name | _____ |
| h | Adresse | _____ |
| i | Visitenkarte | _____ |
| j | _____ | *Sprachen* |
| k | Katze | _____ |
| l | Kirche | _____ |
| m | Kneipe | _____ |
| n | Studentin | *Studentinnen* |
| o | Verkäuferin | _____ |
| p | Ärztin | _____ |
| q | Engländerin | _____ |

## 2 Wie heißt es im Plural?

a  Annette hat einen Bruder und zwei _____ . (Schwester)

b  Sie hat zwei _____ . (Sohn)

c  Kennst du ihre drei _____? (Tochter)

**d** Er spricht vier _____ . (Sprache)

**e** Sybille und Conny sind beide
_____ . (Ärztin)

**f** Seid ihr auch _____?
(Engländerin)

**g** Ich habe einen Cousin und vier
_____ . (Cousine)

**h** In Hamburg gibt es viele _____ .
(Kneipe)

---

### Achtung! Akkusativ

*Ich habe* + **männliches Nomen**

Ich habe *einen* Bruder / *einen* Sohn / *einen*
Cousin etc.

Mehr über den Akkusativ in der nächsten
Lektion.

---

## Mehr Vokabeln

| Familie | |
|---|---|
| der Cousin (-s) | die Cousine (-n) |
| der Schwiegersohn (¨e) | die Schwiegertochter (¨) |
| der Schwiegervater (¨) | die Schwiegermutter (¨) |
| der Opa (-s) | die Oma (-s) |
| der Großonkel (-) | die Großtante (-n) |

# *Und zum Schluss*

 **Sprechen**

Ein Interview. Was sagen Sie?

**a** Haben Sie ein Hobby?

**b** Joggen Sie gern?

**c** Gehen Sie gern ins Kino?

**d** Was lesen Sie gern?

**e** Arbeiten Sie gern am Computer?

**f** Was essen Sie gern?

**g** Was trinken Sie gern?

**h** Was essen und trinken Sie nicht gern?

**i** Wie finden Sie Sport?

**j** Wie finden Sie Deutsch?

**k** Haben Sie Geschwister?

Wenn ja:

Wie alt sind Ihre Geschwister?

Wo wohnen Ihre Geschwister?

Was machen sie beruflich?

**l** Haben Sie Kinder?

Wenn ja:

Wie alt sind Ihre Kinder?

Was machen sie?

**m** Was können Sie noch über Ihre Familie sagen?
Sprechen Sie jetzt über Ihren Vater, Ihre Mutter,
Ihre Tante, Ihren Onkel, etc.

**2** Lesen

*Text A Joachim Kühn sucht eine Brieffreundin oder einen Brieffreund*

Lesen Sie den Text und beantworten Sie die Fragen.

■ 26.09.2009, 21:27

Joachim ●

Stammgast ●●●●●○

Registriert seit: 20.07.2008

Geschlecht: männlich
Ort: Berlin

Beiträge: 58

 **Suche Brieffreund(in) aus London!**
Ich heiße Joachim Kühn. Ich bin Webdesigner
und wohne am Prenzlauer Berg in Berlin. Ich
bin 24 Jahre alt und habe zwei Brüder und
zwei Schwestern. Ich spiele gern Klavier und
E-Piano. Ich mag alte amerikanische Jazzmusik.
Ich mag aber auch englischen Fußball. Ich bin
ein großer Fan von Arsenal London und
manchmal bin ich im Stadion in London. Ich
mag die Pubs in London. Ich suche eine
Brieffreundin oder einen Brieffreund in
London. Bitte schreibt mir.

Fragen:

a Wo wohnt Joachim?
b Wie viele Geschwister hat er?
c Was spielt er gern?

d Was für Musik mag er?
e Wo ist er manchmal in London?
f Was mag er in London?

*Text B Loretta Uribe aus London antwortet*

■ 27.09.2009, 09:14

Loretta ●

Gast ●●●●○○

Registriert seit: 23.07.2009

Geschlecht: weiblich
Ort: London

Beiträge: 7

 **Antwort: Suche Brieffreund(in) aus
London!**
Hallo, Joachim! Ich heiße Loretta Uribe und
meine Familie kommt aus Buenos Aires. Mein
Vater ist Argentinier und meine Mutter ist
Deutsche. Ich spreche also Spanisch und
Deutsch, aber hier in England sprechen wir alle
Englisch. Ich bin 23 Jahre alt und bin Köchin. Ich
höre gern Jazzmusik, aber ich mag auch klassische
Musik. Es tut mir leid, aber Fußball mag ich nicht
so sehr! Möchtest du mir schreiben? Und wenn
du nach London kommst, können wir uns
vielleicht nach einem Match treffen. Ich wohne in
Finsbury Park in Nordlondon, das ist gar nicht so
weit vom Arsenal-Stadion. Und dort gibt es auch
sehr gute Kneipen.

*Text C Mark Engelberger antwortet auch aus London*

 **27.09.2009, 10:06**

Mark E ●

Gast ●●●●●○

Registriert seit: 04.08.2009

Geschlecht: männlich
Ort: London

Beiträge: 3

 **Antwort: Suche Brieffreund(in) aus London!**
Guten Tag, Joachim! Ich heiße Mark Engelberger und wohne seit zwei Jahren in Stockwell, Südlondon. Ich möchte sehr gerne einen deutschen Brieffreund haben, da ich hier in London keine Chance habe, Deutsch zu sprechen. Ich bin Australier, 26 Jahre alt und komme aus Melbourne. Ich spreche natürlich Englisch, aber meine Eltern sind Deutsche und zu Hause sprechen wir immer Deutsch. Hier in London arbeite ich als Sportlehrer in einer Schule in Brixton. Ich bin auch Arsenal-Fan und bin bei den Heimspielen immer im Stadion. Vielleicht können wir uns dort treffen und nachher in die Clubs im Westend gehen? Bitte schreib mir!

Texte B und C: Richtig oder falsch? Korrigieren Sie die falschen Aussagen.

**a** Loretta und Mark sprechen beide Deutsch.

**b** Sie können auch Spanisch und Englisch sprechen.

**c** Sie sind beide 23 Jahre alt.

**d** Fußball mögen sie nicht so sehr.

**e** Loretta wohnt in Nordlondon und Mark in Südlondon.

**f** Sie beide möchten Joachim nach einem Match treffen.

# 5 | Essen und Einkaufen

## Abschnitt A

### Übungen

#### 1 Was passt?

Ordnen Sie zu.

**a** links = ____
**b** rechts = ____
**c** geradeaus = ____
**d** um die Ecke = ____

| ↑ | ↱ | → | ← |
|---|---|---|---|
| 1 | 2 | 3 | 4 |

#### 2 Welches Bild (1, 2 oder 3) passt zu welchem Dialog (a, b oder c)?

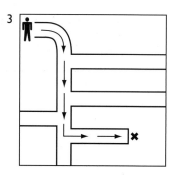

**Dialog a**

– Entschuldigen Sie, bitte. Gibt es hier in der Nähe eine gute Bäckerei?
– Ja, sicher, die Dorfbäckerei ist sehr gut. Gehen Sie hier gerade aus, etwa 20 Meter und nehmen Sie die zweite Straße rechts. Da in der Mühlengasse finden Sie auf der linken Seite die Dorfbäckerei.

**Dialog b**

– Guten Morgen! Entschuldigen Sie, bitte. Gibt es vielleicht eine Toilette nicht weit von hier?
– Ja, Sie haben Glück! Im Bahnhof ist eine Toilette.
– Und wo ist der Bahnhof?
– Sie gehen hier um die Ecke und dann gerade aus. Die Bahnhofstraße ist dann die dritte Straße links. Und am Ende der Straße ist schon der Bahnhof.

**Dialog c**

– Hallo! Könnt ihr mir bitte helfen? Ich möchte heute Abend tanzen gehen. Gibt es hier in der Nähe einen Club?
– Ja, klar! Geh hier geradeaus und nimm dann die erste Straße rechts und die zweite Straße links. Dort gibt es auf der rechten Seite einen Club.

# Grammatik (1)

## Akkusativ

**Akkusativ mit: Gibt es ...? / Ich habe / suche / finde etc.**

Bespiel
*Gibt es hier ...*

| (m) | (f) | (nt) |
|---|---|---|
| ein**en** Club? | eine Bäckerei? | ein Hotel? |

Mit männlichen Nomen: → ein**en**

Dort finden Sie **einen** Park.
Ich suche **einen** Biergarten.
Ich habe **einen** Bruder.

## 1 Heißt es *der, die* oder *das?*

> ~~Supermarkt~~ – Restaurant – Bank –
> Biergarten – Kiosk – ~~Kneipe~~ – ~~Hotel~~ –
> Café – Kirche – Kino – Park – ~~Post~~

| der | die | das |
|---|---|---|
| *Supermarkt* | *Kneipe* | *Hotel* |
| _____ | _____ | _____ |
| _____ | _____ | _____ |
| _____ | *Post* | _____ |

# 2 Üben Sie den Akkusativ

Ergänzen Sie.

Gibt es hier ...

**a** *einen* Supermarkt?
**b** _____ Kiosk?
**c** _____ Kneipe?
**d** _____ Bank?
**e** _____ Hotel?
**f** _____ Kino?
**g** _____ Restaurant?
**h** _____ Park?
**i** _____ Café?
**j** _____ Post?
**k** _____ Biergarten?

# Grammatik (2)

## Imperativ

**Sie-Form:**
*Gehen* Sie geradeaus.
*Nehmen* Sie die erste Straße links.

**du-Form:**
*Geh* geradeaus.
*Nimm* die erste Straße links.

**ihr-Form:**
*Geht* geradeaus.
*Nehmt* die erste Straße links.

**Achtung! du-Form**
1 Verben mit Vokalwechsel:
   nehmen → du nimmst → *Nimm* die erste
   Straße.
2 Extra -e, wenn der Verbstamm mit -t oder
   -d endet:
   antworten → du antwortest → *Antworte*
   mir, bitte.
   reden → du redest → *Rede* nicht so viel.

## I Welches Verb fehlt?

> suchen – kaufen – gehen – essen – trinken – ~~nehmen~~

**a** Wo ist die Kantstraße?

   *Nehmen* Sie die erste Straße rechts.

**b** Gibt es hier in der Nähe einen Park?

   _____ Sie immer geradeaus.

**c** Oh, ich bin durstig.

   _____ Sie ein Glas Wasser.

**d** Ich mag Brad Pitt.

   _____ Sie doch seine neue DVD.

**e** Mein Englisch ist nicht gut.

   _____ Sie doch eine Brieffreundin aus Großbritannien.

**f** Ich habe Hunger.

   _____ Sie ein Sandwich oder einen Hamburger.

## 2 Du-Form

Schreiben Sie jetzt in der du-Form.

**a** *Nimm* die erste Straße rechts.

**b** _____ immer geradeaus.

**c** _____ ein Glas Wasser.

**d** _____ doch seine neue DVD.

**e** _____ doch eine Brieffreundin aus Großbritannien.

**f** _____ ein Sandwich oder einen Hamburger.

## 3 Der Imperativ

Ergänzen Sie.

| Sie-Form | du-Form | ihr-Form |
|---|---|---|
| *Hören Sie bitte zu!* | *Hör bitte zu!* | *Hört bitte zu!* |
| _____ | _____ | *Telefoniert nicht so* |
| _____ | _____ | *viel.* |
| *Gehen Sie hier* | _____ | _____ |
| *links.* | _____ | _____ |
| *Schreiben Sie eine* | _____ | _____ |
| *E-Mail.* | _____ | _____ |
| _____ | *Sprich lauter, bitte.* | _____ |
| _____ | *Lies, bitte!* | _____ |

## Mehr Vokabeln

die Kreuzung          die Ampel

die dritte Straße (3. Straße)
die vierte Straße (4. Straße)

# *Abschnitte B & C*

## Übungen

### I Martina und Andrea sind im Café.

Ergänzen Sie.

> gemischtes – bitte – jetzt – essen – einen – Kalorien – Sie – ohne – bestellen – eine – Eis – ~~durstig~~

| Martina | Oh, bin ich **1** *durstig*. Ich brauche **2**_____ eine Cola. |
|---|---|
| Andrea | Aber eine Cola hat zu viele **3**_____. |
| Martina | Mmh, dann nehme ich **4**_____ Cola light. Hallo, wir möchten **5**_____. |
| Kellner | Was bekommen Sie, **6** _____? |
| Martina | Ich möchte eine Cola light mit viel **7**_____, bitte. |
| Kellner | Und **8**_____? Was bekommen Sie? |
| Andrea | Ich nehme **9**_____ Cappuccino, bitte. |
| Kellner | Und möchten Sie auch etwas **10**_____? |
| Andrea | Oh ja, ich nehme einen Apfelkuchen. |
| Martina | Und ich nehme ein **11**_____ Eis. |
| Keller | Mit oder **12**_____ Sahne? |
| Martina | Mmh, natürlich mit Sahne! |

## 2 Getränke und Essen

Ordnen Sie zu.

| ~~Kaffee~~ – Kamillentee – Orangensaft – Tee – Sekt – ~~Schnaps~~ – Weißwein – Butterkuchen – gemischtes Eis – Mineralwasser – Sandwich – Cola – Bier – Rotwein – heiße Schokolade – Limonade – Kirschtorte – Weizenbier |
|---|

| Warme Getränke | Alkoholfreie Getränke | Alkohol | Essen |
|---|---|---|---|
| Kaffee | | Schnaps | |
| | | | |
| | | | |
| | | | |
| | | | |

## Grammatik

### Akkusativ

**Ich habe / nehme / möchte / bekomme / trinke / esse, etc.**

| Ich nehme ... | Ich bekomme ... |
|---|---|
| ein**en** Kaffee. (m) | **den** Kaffee. (m) |
| eine Cola. (w/f) | **die** Cola. (w/f) |
| ein Bier. (s/nt) | **das** Bier. (s/nt) |

**Nach männlichen Nomen: → einen / den**

| Ich trinke **einen** Tee. | Ich nehme **den** Kuchen. |
|---|---|
| Ich trinke **einen** Schnaps. | Ich bekomme **den** Schnaps. |

## 1 Heißt es *einen, eine* oder *ein*?

Ergänzen Sie.

| einen – einen – ein – einen – einen – eine – einen – eine – eine – einen – eine – einen |
|---|

a Ich habe _____ Sohn und auch _____ Tochter.

b Sandra hat _____ Cousin. Er heißt Kevin.

c Hast du _____ Computer?

d Ich habe _____ Hund. Sein Name ist Nero.

e Dort finden Sie rechts _____ Café.

f Ich möchte _____ Limonade, bitte.

g Trinkst du _____ Tee oder _____ Kaffee?

h Ich bekomme _____ Cola, bitte.

i Nehmen Sie noch _____ Flasche Rotwein?

j Ich nehme _____ Orangensaft.

## 2 Wer bekommt was?

Ergänzen Sie mit *den, die* oder *das*.

a Susanne bekommt *den* Orangensaft.

b Kai nimmt _____ Kaffee.

c Timo bekommt _____ Schnaps.

**d** Axel trinkt _____ Limonade.

**e** Annett trinkt _____ Cola.

**f** Nicolai trinkt _____ Glas Wasser.

**g** Jasmin bekommt _____ Bier.

**h** Julian bekommt _____ Tee und _____ Apfelkuchen.

**i** Carsten bekommt _____ Eis und _____ Tasse Tee.

**j** Svenja bekommt _____ Milchkaffee und _____ Butterkuchen.

## Mehr Vokabeln

**Leichte Gerichte / Snacks**

der Hamburger (-)
der Veggi-Burger (-)
der Hotdog (-s)
der Kebab (-s)
das Sandwich (-e)
das Hähnchen (-)
die Bratwurst (ˍe)
die Ofenkartoffel (-n)
die Suppe (-n)

die Pommes frites/Pommes (Plural)

## Abschnitt D–1

### Übungen

**I Was ist das?**

Ordnen Sie zu.

der Salat – die Zitrone – das Würstchen – die Karotte – der Käse – das Ei – der Apfel – der Fisch – das Hähnchen – das Brötchen – das Brot – die Kartoffel

**a** _der Salat_    **b** _____    **c** _____    **d** _____

**e** _____    **f** _____    **g** _____    **h** _____

**i** _____    **j** _____    **k** _____    **l** _____

## 2 Lebensmittel

Ergänzen Sie die Sätze 1–8 und schreiben Sie Ihre Antworten in die Box. Dann sehen Sie ein neuntes Wort. Was ist das Wort?

1 Wenn man Vegetarier aber kein Veganer ist, kann man Gemüse, Eier und K ä _ _ essen.

2 In Asien isst man viel Reis, aber in Europa isst man viele K _ _ _ _ _ _ _ _ _.

3 Würste kann man in der Fleischerei oder im Supermarkt kaufen. Die kleinen Würste heißen _ _ _ _ _ c h e n.

4 Zum Frühstück esse ich meistens ein _ _ _ t mit Marmelade.

5 In England trinkt man _ _ _ meistens mit Milch, aber manchmal mit Zitrone.

6 Wenn man zu dick ist, muss man mehr Obst, Gemüse und _ _ l _ _ essen.

7 Man braucht viele Ä _ _ _ _ , wenn man Cider macht.

8 Ich nehme einen Kaffee und ein Stück _ u _ _ _ _ mit Sahne.

Und was ist das neunte Wort?

|   |   |   |   |   |   |   |   |   |   |   |
|---|---|---|---|---|---|---|---|---|---|---|
| 1 |   |   |   |   |   |   |   |   |   |   |
| 2 |   |   |   |   |   |   |   |   |   |   |
| 3 |   |   |   |   |   |   |   |   |   |   |
|   | 4 |   |   |   |   |   |   |   |   |   |
|   |   |   | 5 |   |   |   |   |   |   |   |
|   | 6 |   |   |   |   |   |   |   |   |   |
|   |   | 7 |   |   |   |   |   |   |   |   |
|   | 8 |   |   |   |   |   |   |   |   |   |

## 3 Was kann man sagen?

|  | eine Flasche | eine Dose | eine Packung | ein Stück | 250 Gramm |
|---|---|---|---|---|---|
| Olivenöl | ✓ |  |  |  |  |
| Bier |  |  |  |  |  |
| Karotten |  |  |  |  |  |
| Salami |  |  |  |  |  |
| Wasser |  |  |  |  |  |
| Käse |  |  |  |  |  |
| Brot |  |  |  |  |  |
| Kaffee |  |  | ✓ |  |  |

### Neue Vokabeln

07.30 — zum Frühstück (a)

13.00 — zu Mittag (b)

19.00 — zum Abendbrot/ zum Abendessen (c)

## 4 Was essen die Leute?

Lesen Sie die Texte und beantworten Sie die Fragen.

> ### Andreas Kaputtzke, 47, Bankangesteller
>
> Zum Frühstück esse ich zwei Brötchen mit Marmelade. Ich trinke einen Kaffee.
>
> Zu Mittag gehe ich in die Kantine und ich esse eine Pizza oder Fisch. Ich trinke Mineralwasser oder eine Cola. Zum Abendbrot esse ich oft eine Suppe oder Pasta. Ich trinke ein Glas Rotwein.

> ### Konstantin Berger, 21, Student
>
> Zum Frühstück esse ich Cornflakes mit Milch und ich trinke einen Kaffee. Zu Mittag esse ich ein Baguette mit Käse oder Salami und trinke eine Cola. Zum Abendbrot esse ich einen Hamburger, eine Pizza oder Hähnchen mit Pommes. Ich trinke eine Flasche Bier, manchmal auch zwei Flaschen.

> ### Magdalena Müller, 32, Yoga-Lehrerin
>
> Zum Frühstück esse ich Müsli und trinke Tee. Manchmal esse ich auch einen Joghurt.
>
> Zu Mittag esse ich einen Salat und trinke eine Flasche Mineralwasser. Zum Abendbrot esse ich oft Tofu oder Reis. Ich esse kein Fleisch. Ich bin Vegetarierin. Ich koche gern und esse gern japanisch.

Richtig oder falsch? Korrigieren Sie die falschen Aussagen.

**Beispiel**
Zum Frühstück essen Andreas und Magdalena Brötchen. →
Falsch. Andreas isst zwei Brötchen, aber Magdalena isst Müsli.

**a** Zum Frühstück trinken Andreas und Konstantin Kaffee.

**b** Zu Mittag isst Andreas Pizza oder Fleisch.

**c** Zu Mittag isst Konstantin einen Hamburger oder Hähnchen mit Pommes.

**d** Magdalena isst Tofu oder Reis zum Abendbrot.

**e** Andreas und Konstantin trinken beide Wein.

**f** Magdalena isst gern Fleisch.

> ### Achtung! Wortstellung
> **Das Verb ist das 2. Element:**
>
> | (1) | (2) | (3) |
> |---|---|---|
> | Ich | esse | Brötchen zum Frühstück. |
> | Zum Frühstück | esse | ich Müsli. |
> | Zum Abendbrot | trinke | ich ein Bier. |

## 5 Und Sie? Was essen Sie?

Schreiben Sie und sprechen Sie dann.

**a** Was essen Sie zum Frühstück?
Zum Frühstück esse ich

_____.

**b** Was trinken Sie zum Frühstück?
Zum Frühstück trinke ich

_____.

**c** Was essen Sie zu Mittag?
Zu Mittag esse ich

_____.

**d** Was trinken Sie zu Mittag?
Zu Mittag trinke ich

_____.

**e** Was essen und trinken Sie zum Abendbrot?
Zum Abendbrot esse ich _____
und ich trinke _____.

**f** Was essen Sie und was trinken Sie gern?
Ich esse gern _____ und ich
trinke gern _____.

**g** Was essen Sie nicht gern und was trinken Sie nicht gern?
Ich esse nicht gern _____ und ich
trinke nicht gern _____.

# Grammatik

## Plural (2)

**Tipp – typische Endungen**

**Männliche Nomen: -e oder ⸚e**
der Wein → die Wein**e**
der Saft → die S**äfte**

**Weibliche Nomen: -n / -en oder ⸚e**
die Flasche → die Flasche**n**
die Packung → die Packung**en**
die Wurst → die W**ürste**

**Sächliche Nomen: -e oder ⸚e**
das Bier → die Bier**e**
das Buch → die B**ücher**

**Englische/Französische Nomen, etc.: -s**
das Taxi → die Taxi**s**
die Cola → die Cola**s**

**Nomen mit -chen: -**
das Würstchen → die Würstchen

## 1 Wie heißt der Plural?

**i**

a   der Salat → *die Salate*
b   der Pilz → _____
c   _____ → die Kurse
d   der Kiosk → _____
e   der Schnaps → *die Schnäpse*
f   der Orangensaft → _____
g   der Apfelsaft → _____
h   der Supermarkt → _____

**ii**

a   die Karotte → _____
b   die Tomate → _____
c   die Dose → *die Dosen*
d   die Tasse → _____
e   die Flasche → _____
f   die Kartoffel → _____
g   die Packung → _____
h   die Zeitung → _____
i   die Wurst → _____
j   _____ → die Städte

**iii**

a   das Bier → _____
b   das Brot → _____
c   das Getränk → _____
d   das Land → *die Länder*
e   das Buch → _____
f   das Haus → _____

**iv**

a   das Restaurant → _____
b   das Café → *die Cafés*
c   das Hotel → _____
d   das Kino → _____
e   die Salami → _____
f   der Park → _____

## 2 Eine Einkaufsliste (*Shopping list*)

**i**

Britta und Carsten machen eine große Party.
Hier ist ihre Einkaufsliste. Ergänzen Sie die
Pluralformen.

---

**Einkaufsliste**

a.  20 Flasche__ Wein
b   15 Flasch__ Sekt
c   50 Dose__ Bier
d   10 Orangensäft__, 10 Apfelsäft__
e   40 Packung__ Tortilla-Chips
f   15 Baguette__ + 4 Weißbrot__
g   5 Packung__ Tofu
h   5 Salami__
i   100 Plastikgläs__
j   200 Serviette__

---

**ii**

Sie machen eine Party. Was brauchen Sie?
Schreiben Sie eine Einkaufsliste.

# Abschnitt D–2

## Übungen

### I Welches Wort fehlt?

Tag – Abonnement – billig – ~~Ausstellungen~~ – Kuchen – lieber – Biergarten – teuer

**a** Ich gehe oft ins Museum, hier in Berlin gibt es gute *Ausstellungen*.

**b** Im Sommer gehe ich gern in den _____.

**c** Wir gehen jeden _____ in den Park.

**d** Ich gehe oft ins Theater – wir haben ein _____.

**e** Ich gehe gern ins Café. Ich mag _____.

**f** Ich gehe selten ins Restaurant. Das ist zu _____ für mich.

**g** Jeden Montag ist Kino-Tag. Da ist es besonders _____.

**h** Ich gehe gern ins Restaurant, aber ich gehe _____ ins Café.

### 2 Wie oft?

Sagen Sie es anders.

Benutzen Sie: ~~häufig~~, *oft, manchmal, selten* oder *nie*.

**a** Sie liest jeden Tag die Zeitung.
*Sie liest häufig die Zeitung.*

**b** Er geht einmal im Monat joggen.
_____.

**c** Er geht einmal im Jahr ins Theater.
_____.

**d** Sie geht dreimal oder viermal pro Woche schwimmen.
_____.

**e** Er hasst Opernmusik.
Er geht _____ in die Oper.

## Grammatik

### Akkusativ

**Achtung! Akkusative nach:** *Ich gehe in ...*

| *Ich gehe ...* (m) | *Ich gehe...* (f) | *Ich gehe ...* (nt) |
|---|---|---|
| **in den** Park | **in die** Kneipe | **ins** Theater |
| **in den** Biergarten | **in die** Oper | **ins** Kino |
| **in den** Club | **in die** Disco | **ins** Café |
| | | **ins** Restaurant |
| | | **ins** Museum |
| | | **ins** Fitnessstudio |

### I Wohin gehen die Leute?

**a**    Marianne geht *ins Café*.

**b**    Peter geht _____.

**c**    Claudia geht _____.

**d**    Stefan geht _____.

**e**    Simone _____.

## 2 Und wohin gehen Sie? Und wie oft?

Schreiben Sie und sprechen Sie dann.

**a**  Wie oft gehen Sie ins Kino?

_____.

**b**  Wie oft gehen Sie in die Kneipe?

_____.

**c**  Wie oft gehen Sie ins Café?

_____.

**d**  Gehen Sie manchmal ins Fitnessstudio?

_____.

**e**  Gehen Sie manchmal in den Club oder in die Disco?

_____.

**f**  Und wie oft gehen Sie ins Restaurant?

_____.

**g**  Wohin gehen Sie gern und wohin gehen Sie nicht gern?

_____

# Abschnitt D–3

### Mehr Aktivitäten

| Ich esse gern … | |
| --- | --- |
| chinesisch. | italienisch. |
| deutsch. | japanisch. |
| französisch. | südamerikanisch. |
| indisch. | türkisch. |

# Und zum Schluss

 **1** Sprechen

Ein Interview. Was sagen Sie?

**a**  Was essen Sie zum Frühstück?

**b**  Was trinken Sie zum Frühstück?

**c**  Was essen und trinken Sie zu Mittag?

**d**  Was essen und trinken Sie zum Abendbrot?

**e**  Was essen Sie und was trinken Sie gern?

**f**  Trinken Sie lieber Tee oder Kaffee?

**g**  Sie sind im Café. Bestellen Sie:
Was möchten Sie trinken?
Was möchten Sie essen?

**h**  Sind Sie Vegetarier?

**i**  Kochen Sie gern? Wenn ja, was kochen Sie?

**j**  Gehen Sie oft ins Café?

**k**  Gehen Sie oft ins Restaurant?

**l**  Was essen Sie gern? (Zum Beispiel: japanisch, indisch, italienisch etc.)

**m**  Gehen Sie lieber ins Kino oder ins Theater?

**n**  Wohin gehen Sie gern und wohin gehen Sie nicht gern?

 ## 2 Lesetext: Im italienischen Restaurant

Florian und Susanna essen zusammen im Café Portobello. Susanna ist Vegetarierin.

Lesen Sie die Speisekarte auf der Seite 48: Welche sieben Gerichte kann Susanne nicht essen?

Schreiben Sie die Nummern der Gerichte in die Box:

| 3 | | | | | | |
|---|---|---|---|---|---|---|

**Neue Vokabeln**

| | |
|---|---|
| die Gurke (-n) | cucumber |
| der Schinken (-) | ham |
| die Zwiebel (-n) | onion |
| die Hähnchenbrust (¨e) | chicken breast |
| das Rindfleisch | beef |

## CAFÉ PORTOBELLO

Limmer Straße 105 ~ 30451 Hannover
Öffnungszeiten: Mo.–Fr. 16 Uhr–1 Uhr und Sa. & So. 10 Uhr–1 Uhr
Bestellungen unter Tel. 0511/ 210 4004

**Salate**

| | | |
|---|---|---|
| 1. | Gemischter Salat – mit Tomaten, Gurken etc. | € 4,00 |
| 2. | Mozzarellasalat – mit Tomaten und Basilikum | € 4,50 |
| 3. | Portobellosalat – mit Schinken, Käse, Pilzen, Gurken etc. | € 4,50 |
| 4. | Gemüsesalat – mit Brokkoli, Blumenkohl, Karotten, Mais | € 4,50 |
| 5. | Hähnchensalat – mit Tomaten, Gurken, Mais, Oliven etc. | € 5,00 |

**Suppen**

| | | |
|---|---|---|
| 6. | Zwiebelsuppe | € 3,50 |
| 7. | Tomatensuppe | € 4,50 |
| 8. | Rindfleischsuppe | € 4,50 |

**Pizza**

| | | |
|---|---|---|
| 9. | Original – Tomaten, Käse, Salami, Pilze, Paprika | € 6,00 |
| 10. | Funghi – Tomaten, Käse, Pilze | € 6,00 |
| 11. | Primavera – Tomaten, Käse, Schinken, Artischocken | € 7,50 |
| 12. | California – Tomaten, Käse, Kirschen, Bananen etc. | € 7,50 |
| 13. | Spezial – Tomaten, Käse, Ananas, Hähnchenbrust, Peperoni | € 8,50 |

**Verschiedenes**

| | | |
|---|---|---|
| 14. | Überbackene Gemüseplatte | € 6,50 |
| 15. | Rührei Spezial – Tomaten, Zwiebel, frische Pilze | € 5,00 |
| 16. | Portobello Spezial – Rindfleisch mit Eiern, Tomaten, Zwiebeln etc. | € 7,00 |
| 17. | Borani – Auberginen in Tomatensauce, Joghurt, Salat | € 7,50 |

*Alle Preise inklusive Bedienungsgeld und Mehrwertsteuer.*

# 6 | Uhrzeiten und Verabredungen

## Abschnitt A

### Übungen

**1** Wie heißen die Wochentage?

**a** *Montag*    **c** Mi _ _w _ ch    **e** _ r _ _ tag    **g** _ o _ _ tag
**b** D _ _nst _ g    **d** Do _ _ _ rstag    **f** S _ _ _tag

Und: Samstag + Sonntag = das Wochenende

**2** Welcher Satz (a–h) passt zu welchem Symbol (1–8)?

①

②

③

④

⑤

⑥

⑦

⑧

**a** Ich möchte ein Einzelzimmer, bitte.
**b** Ich möchte ein Doppelzimmer.
**c** Ich möchte für zwei Nächte.
**d** Mit Dusche, bitte.
**e** Ich möchte ein Zimmer mit Bad.
**f** Ich nehme ein Zimmer für vier Nächte, bitte.
**g** Wie ist die Zimmernummer?
**h** Und was kostet das Zimmer?

| a | b | c | d | e | f | g | h |
|---|---|---|---|---|---|---|---|
| 6 |   |   |   |   |   |   |   |

## 3 Katja Kuhlmann möchte ein Zimmer buchen

Ergänzen Sie.

```
Schlüssel – Restaurant – Aufenthalt –
Einzelzimmer – heute – Internetzugang –
Nacht – Frühstück – möchten – von – kostet
– bis – Nächte – essen – nehme – Dusche
```

**Katja**          Guten Tag. Haben Sie ein
                   **1** *Einzelzimmer* frei?
**Empfangsdame**   Und für wie lange
                   **2**_____ Sie das
                   Zimmer?
**Katja**          Für drei **3**_____ –
                   von **4**_____ bis
                   Donnerstag.
**Empfangsdame**   Möchten Sie ein Zimmer mit
                   Bad oder **5**_____?
**Katja**          Mit Bad, bitte. Hat das Zimmer
                   auch Internetzugang?
**Empfangsdame**   Ja, natürlich. Alle Zimmer
                   haben **6**_____.
**Katja**          Und was **7**_____
                   das Zimmer?
**Empfangsdame**   126 Euro pro **8**_____.
**Katja**          Gut. Und wann gibt es
                   **9**_____?
**Empfangsdame**   Wir haben ein Frühstücksbuffet
                   **10**_____ sieben
                   Uhr **11**_____ neun Uhr.

**Katja**          Kann man auch am Abend hier
                   im Hotel etwas
                   **12**_____?
**Empfangsdame**   Ja, unser **13**_____
                   ist bis 22 Uhr geöffnet.
**Katja**          Wunderbar. Dann
                   **14**_____ ich das Zimmer.
**Empfangsdame**   Hier ist Ihr
                   **15**_____ . Zimmer
                   32. Ich wünsche Ihnen einen
                   angenehmen
                   **16**_____ .

# Grammatik

**Fragen (2)**

**Fragen mit wo, wie, wann, was, wie viel etc.**
Das *Verb* ist das 2. Element:

| (1) | (2) | (3) |
|---|---|---|
| Wo | *wohnen* | Sie? |
| Wann | *gibt* | es Frühstück? |
| Wie viel | *kostet* | das Zimmer? |

**Ja-Nein-Fragen**
Das *Verb* ist das 1. Element:

| (1) | (2) | (3) |
|---|---|---|
| Haben | Sie | ein Zimmer frei? |
| Möchten | Sie | ein Zimmer mit Bad? |

Manchmal gibt es ein 2. *Verb* am Ende:

| (1) | (2) | (3) | (Ende) |
|---|---|---|---|
| Ich *kann* | morgen Abend | nicht | *kommen.* |

## 1 Welche Frage (A) passt zu welcher Antwort (B)?

**A**

**1** Haben die Zimmer auch Internetzugang?

**2** Um wie viel Uhr gibt es Frühstück?

**3** Kann ich am Abend im Hotel essen?

**4** Möchten Sie ein Zimmer mit Dusche?

**5** Wie lange möchten Sie das Zimmer?

**6** Gibt es Frühstück hier im Hotel?

**7** Wie ist die Zimmernummer?

**B**

**a** Ja, wir haben ein großes Frühstücksbuffet.

**b** Ja, mit Dusche, bitte.

**c** Zwischen sieben und neun Uhr.

**d** Achtzehn.

**e** Ja, alle Zimmer haben Zugang zum Internet.

**f** Für drei Nächte, bitte.

**g** Nein, leider nicht. Das Restaurant ist nur bis 18 Uhr geöffnet.

Wie viele Ja-Nein-Fragen gibt es in Übung 1?

## 2 Wie heißen die Fragen?

Ergänzen Sie.

**a** _____?

Ja. Möchten Sie ein Einzelzimmer oder eine Doppelzimmer?

**b** _____?

Für drei Nächte, bitte.

**c** _____?

Nein, mit Dusche, bitte.

**d** _____?

154 Euro, inklusive Frühstücksbuffet.

**e** _____?

Zwischen sieben und neun Uhr.

**f** _____?

Nein, leider hat das Zimmer keinen Internetzugang.

## Mehr Vokabeln

**Hotels**

Ein Zimmer ...
mit Frühstück.
ohne Frühstück.
mit Halbpension. (HP)
mit Vollpension. (VP)
mit Internetzugang.

Halbpension = Frühstück + Abendessen
Vollpension = Frühstück + Mittagessen + Abendessen

# Abschnitt B

## Übungen

### ▌ Wie viel Uhr ist es?

Ordnen Sie zu.

 ①   ②   ③   ④   ⑤

 ⑥   ⑦   ⑧   ⑨   ⑩

a  Es ist halb sieben.

b  Es ist zwanzig nach neun.

c  Es ist Viertel vor drei.

d  Es ist Viertel nach acht.

e  Es ist halb elf.

f  Es ist fünf vor vier.

g  Es ist halb acht.

h  Es ist zehn vor fünf.

i  Es ist kurz vor zwölf.

j  Es ist fünf nach halb sechs.

### 2 Die 24-Stunden-Uhr

**Beispiele**

7.00 Uhr →     Es ist sieben Uhr morgens.

17.00 Uhr →     Es ist fünf Uhr nachmittags.

a  13.00 Uhr →

_____

b  18.00 Uhr →

_____

c  21.00 Uhr →

_____

d  16.00 Uhr →

_____

e  23.00 Uhr →

_____

f  15.00 Uhr →

_____

g  2.00 Uhr →

_____

h  14.00 Uhr →

_____

## Grammatik

**Man kann sagen:**

a  morgens *oder* am Morgen

b  mittags *oder* am Mittag

c  nachmittags *oder* am Nachmittag

d  abends *oder* am Abend

e  nachts *oder* in der Nacht

Es ist sechs Uhr morgens. *oder* Es ist 6 Uhr am Morgen.

Es ist zwölf Uhr mittags. *oder* Es ist 12 Uhr am Mittag.

## I Die Weltzeit

| Berlin | 16.00 |
|---|---|
| Moskau | 18.00 |
| London | 15.00 |
| Hongkong | 23.00 |
| New York | 10.00 |
| Rio de Janeiro | 12.00 |
| Neu Delhi | 22.30 |
| Kapstadt | 17.00 |
| Los Angeles | 07.00 |
| Sydney | 02.00 |

Wie spät ist es in Moskau, London etc.?
Benutzen Sie *am Morgen, am Mittag, am Nachmittag, am Abend, in der Nacht.*

**Beispiel**
In Berlin ist es vier Uhr am Nachmittag.

**a**  Moskau: + 2 Stunden
*In Moskau ist es sechs Uhr am Abend.*

**b**  London: –1 Stunde

_____

**c**  Hongkong: +7 Stunden

_____

**d**  New York: –6 Stunden

_____

**e**  Rio de Janeiro: –4 Stunden

_____

**f**  Neu Delhi: +6 Stunden

_____

**g**  Kapstadt: +1 Stunde

_____

**h**  Los Angeles: –9 Stunden

_____

**i**  Sydney: +11 Stunden

_____

# Mehr Vokabeln

**Sagen Sie es anders**

morgens – am Morgen
mittags – am Mittag
nachmittags – am Nachmittag
abends – am Abend
nachts – in der Nacht

**Achtung! –** *morgen*
Heute ist Sonntag, morgen ist Montag.

# *Abschnitt C*

## Übungen

### I Welches Verb passt am besten?

anrufen – arbeiten – ~~aufstehen~~ – duschen –
einkaufen – sehen – frühstücken – gehen –
kochen – lesen – machen – schreiben –
spielen – treffen – trinken – verlassen

**a**  um 6.30 Uhr: *aufstehen*
**b**  eine Tasse Tee trinken, ein Croissant essen:

_____

**c**  im Bad: _____
**d**  das Haus: _____
**e**  im Büro, in einer Bank etc.: _____
**f**  eine E-Mail, eine SMS etc.: _____
**g**  eine Kundin, einen Kunden: _____
**h**  eine Mittagspause: _____

**i** Fußball, Tennis, eine CD: _____

**j** Spaghetti, eine Suppe, Essen: _____

**k** einen Cappuccino, ein Bier, ein Glas Tee:

_____

**l** eine Freundin, einen Freund: _____

**m** im Supermarkt, auf dem Markt: _____

**n** ins Kino, ins Restaurant, ins Bett:

_____

**o** eine Zeitung, ein Magazin, ein Buch:

_____

**p** die Nachrichten, ein Fußballspiel, einen Film:

_____

## 2 Was macht Dennis?

(a) 09.00 (b) 09.05 (c) 09.30 (d) 10.30

(e) 11.00 SUPERMARKT (f) 13.00 (g) 13.45 Lieber Dominik (h) 15.30

(i) 17.00 (j) 20.00 Abaton Kino (k) 22.00 (l) 01.00

Ergänzen Sie, bitte.

**a** Was macht Dennis um 9.00 Uhr?

*Um 9.00 Uhr steht er auf.*

**b** Was macht Dennis dann?

Dann

_____

**c** Was macht er um 9.30 Uhr?

Um 9.30 Uhr

_____

**d** Um wie viel Uhr verlässt er das Haus?

Er verlässt

_____

**e** Was macht er um 11.00 Uhr?

Um 11.00 Uhr

_____

**f** Was macht er um 13.00 Uhr?

Um 13.00 Uhr

_____

**g** Was macht er um 13.45 Uhr?

Um 13.45 Uhr

_____

**h** Was macht er am Nachmittag?

Am Nachmittag

_____

**i** Was macht er um 17.00 Uhr?

Um 17.00

_____

**j** Wohin geht er um 20.00 Uhr?

Um 20.00 Uhr

_____

**k** Was macht er um 22.00 Uhr?

Um 22.00 Uhr

_____

**l** Wann geht er ins Bett?

Er geht

_____

# Grammatik (1)

**Trennbare Verben**

**Verben mit den folgenden Präfixen sind meistens trennbar:**
_ab-, an-, auf-, ein-, fern-._

Beispiele: _abholen, anrufen, aufstehen, einkaufen, fernsehen_ →

Er ruft seine Eltern _an._
Ich stehe nicht gern um 6 Uhr _auf._
Wir kaufen im Supermarkt _ein._

Auch: _mit!_ Zum Beispiel: _mitkommen_ →
Kommst du _mit?_

## I Trennbare Verben

Verbinden Sie Satzteil A mit Satzteil B.

**A**
1 Susanne steht immer
2 Peter sieht jeden Abend
3 Frau Schulz kauft gern
4 Herr Klose ruft gerade
5 Wann fängt das Konzert
6 Herr Matthies holt heute

**B**
a eine Kundin an.
b seine Kinder von der Schule ab.
c um 9 Uhr auf.
d heute Abend an?
e im Plus-Supermarkt ein.
f fern.

## 2 Wie heißen die trennbaren Verben?

Ergänzen Sie.

ein – an – ab – mit – auf – an – an – fern –
auf – fern – ab – an

**a** Ich stehe um 7 Uhr _____.
**b** Mein Kurs fängt um 18.00 Uhr _____.
**c** Er kauft im Supermarkt _____.
**d** Ich rufe Sie um 5 Uhr _____.
**e** Sie sieht gern _____.
**f** Ich hole Peter _____.
**g** Wann stehst du morgens _____?
**h** Ich sehe oft _____.
**i** Um wie viel Uhr fängt deine Arbeit _____.
**j** Sie holt eine Freundin von der Arbeit _____.
**k** Sie ruft eine Kundin _____.
**l** Ich möchte heute clubben gehen. Kommst du _____?

# Grammatik (2)

## Wortstellung

### Inversion

Das *Subjekt* steht **nach** dem Verb, wenn auf Position (1) ein anderes Element ist, zum Beispiel „Dann ...", „Danach ...", „Um 8 Uhr ..." etc.

| (1) | (2) | (3) | (4) |
|-----|-----|-----|-----|
| Dann | frühstücke | *ich*. | |
| Um 8 Uhr | gehe | *ich* | aus dem Haus. |
| Danach | trinkt | *er* | ein Bier. |

## | Das macht Susanne am Samstag

Beginnen Sie die Sätze mit den Wörtern in den Klammern (*brackets*).

**Beispiel**

Ich stehe normalerweise um 9 Uhr auf. (*Am Samstag*) →
*Am Samstag* stehe ich normalerweise um 9 Uhr auf.

**a** Ich esse Joghurt, Früchte und Croissants zum Frühstück. (Dann)

**b** Ich kaufe meistens auf dem Markt ein. (Danach)

**c** Ich esse in einem Café zu Mittag. (Um ein Uhr)

**d** Ich treffe oft Freunde. (Am Nachmittag)

**e** Wir gehen ins Kino oder schwimmen. (Meistens)

**f** Wir kochen etwas zusammen. (Danach)

**g** Wir gehen gern tanzen. (Anschließend)

**h** Ich gehe um Mitternacht ins Bett. (Meistens)

# Mehr Vokabeln

## Mehr trennbare Verben

Verben mit den folgenden Präfixen sind meistens trennbar:
*aus-, vor-, zu-, zurück-*:

| | |
|---|---|
| *aus*machen | Er macht das Licht *aus*. |
| *vor*bereiten | Timo bereitet das Essen *vor*. |
| *zu*machen | Sie macht die Tür *zu*. |
| *zurück*kommen | Sie kommen um 8 Uhr *zurück*. |

*aus*machen = to turn off; *vor*bereiten = to prepare; *zu*machen = to close; *zurück*kommen = to come back

# *Abschnitte D & E*

## Übungen

## | Marc möchte mit Philipp ins Kino gehen

Ordnen Sie den Dialog.

| 1 | 2 | 3 | 4 | 5 | 6 |
|---|---|---|---|---|---|
| i | | | | | |

| 7 | 8 | 9 | 10 | 11 | 12 |
|---|---|---|----|----|----|
| | | | | | |

**a** **Marc** Kannst du am Montag? Da ist Kino-Tag.

**b** **Philipp** Um 8 Uhr vielleicht? Dann können wir vorher noch etwas trinken.

**c** **Marc** Am Dienstag mache ich einen Computerkurs, ich lerne nämlich gerade Photoshop. Vielleicht Mittwoch oder Donnerstag?

**d** **Philipp** Gut, danke. Und dir?

**e Marc** Ja, das ist eine gute Idee. Also dann bis Mittwoch um 8 Uhr.

**f Philipp** Ja, bis Mittwoch. Mach's gut.

**g Marc** Auch gut. Philipp, ich möchte nächste Woche ins Kino gehen. Es gibt einen neuen Film mit Sean Penn. Kommst du mit?

**h Philipp** Tut mir leid. Am Montagabend kann ich nicht. Da muss ich bis 9 Uhr arbeiten. Kannst du am Dienstag?

**i Marc** Hallo Philipp. Wie geht's?

**j Philipp** Ja, sehr gern. Wann denn?

**k Marc** Um Viertel vor neun. Wann treffen wir uns?

**l Philipp** Am Donnerstag kann ich nicht, aber Mittwoch ist gut. Wann fängt der Film an?

# Grammatik

## Modalverben (1) – *können, müssen, möchten*

1 Modalverben sind unregelmäßig:

| ich | → | kann | muss | möchte |
| du | → | kannst | musst | möchtest |
| Sie | → | können | müssen | möchten |
| er/sie | → | kann | muss | möchte |
| wir | → | können | müssen | möchten |
| ihr | → | könnt | müsst | möchtet |
| Sie/sie | → | können | müssen | möchten |

2 Wortstellung
Das *Modalverb* ist meistens in Position 2. Gibt es ein *2. Verb*, steht es am Ende. Das *2. Verb* ist im Infinitiv:

| (1) | (2) | (3) | (4) (Ende) |
|---|---|---|---|
| Ich | *möchte* | gern ins Kino | *gehen.* |
| Dann | *können* | wir vorher etwas | *trinken.* |
| Ich | *muss* | bis 21.00 Uhr | *arbeiten.* |

### Achtung! Modalverben + trennbare Verben

| Ich | muss | immer früh | *aufstehen.* |
| Kai | kann | nicht | *mitkommen.* |

## I Modalverben

Ergänzen Sie, bitte.

**a** Ich _____ noch eine E-Mail schreiben. (müssen)

**b** _____ du Myriam anrufen? (können)

**c** Er _____ am Mittwoch nicht kommen. (können)

**d** Florbella _____ am Montag arbeiten. (müssen)

**e** Wir _____ nur heute Abend ins Konzert gehen. (können)

**f** Wir _____ am Samstag bis 8 Uhr arbeiten. (müssen)

**g** _____ ihr zur Party kommen? (können)

**h** _____ ihr morgen arbeiten? (müssen)

**i** Ich _____ jetzt meine Freundin abholen. (müssen)

**j** Ich _____ am Wochenende gern ins Fußballstadion gehen. (möchten)

**k** _____ du mitkommen? (möchten)

**l** Was _____ ihr morgen Abend machen? (möchten)

## 2 Was können Sie gut? Was können Sie nicht so gut?

Beantworten Sie die Fragen.

**Beispiel**
Können Sie gut Autofahren? →
Ja, ich kann sehr gut / gut / ganz gut Autofahren.
Nein, ich kann nicht gut / überhaupt nicht
Autofahren.

a Können Sie gut Auto fahren?

_____

b Können Sie Motorrad fahren?

_____

c Können Sie Englisch sprechen?

_____

d Können Sie gut Fußball spielen?

_____

e Können Sie Klavier spielen?

_____

f Können Sie gut singen?

_____

g Können Sie gut tanzen?

_____

h Können Sie gut kochen?

_____

i Was können Sie noch gut? Können Sie drei
Beispiele finden?

_____

## 3 Und jetzt Sie

Zwei Freunde möchten Sie besuchen und
fragen Sie: Was kann man am Wochenende in
Ihrer Stadt machen?

Schreiben Sie in einer E-Mail, was man am
Wochenende machen kann.

---

Liebe Angelika, lieber Peter,

wie geht's? Ihr kommt nächstes Wochenende?
Das ist fantastisch.

Hier in _____ kann man sehr viel
machen.

Am Samstagmorgen können wir _____

_____

_____

Am Nachmittag kann man _____

_____

_____

Am Samstagabend können wir _____

_____

_____

Am Sonntag können wir _____

_____

_____

Bis Samstag. Viele Grüße

_____

## Mehr Vokabeln

**Ausgehen**

die Ausstellung (-en)
das Ballett (-e)
das Festival (-s)
die Führung (-en) / die Tour (-en)
das Konzert (-e)
die Lesung (-en)
das Musical (-s)
die Party (-s)

# Und zum Schluss

 I Sprechen

Ein Interview. Was sagen Sie?

**a** Wann stehen Sie normalerweise auf?

**b** Wann frühstücken Sie?

**c** Was essen Sie normalerweise zum Frühstück?

**d** Wann gehen Sie meistens aus dem Haus?

**e** Wann fängt Ihre Arbeit / Ihr Studium an?

**f** Wann essen Sie zu Mittag?

**g** Was essen Sie?

**h** Was machen Sie am Nachmittag?

**i** Kaufen Sie meistens im Supermarkt ein?

**j** Was machen Sie meistens am Abend?

**k** Gehen Sie manchmal ins Kino, ins Theater oder ins Konzert?

**l** Wenn ja, wie oft?

**m** Sehen Sie abends oft fern?

**n** Lesen Sie jeden Tag Ihre E-Mail?

**o** Wann essen Sie zu Abend? Und was essen Sie?

**p** Wann gehen Sie normalerweise ins Bett?

**q** Was machen Sie normalerweise am Wochenende? Erzählen Sie.

**r** Was kann man in Ihrer Stadt machen?

**s** Was kann man am Wochenende machen?

**t** Wann müssen Sie in der Woche aufstehen?

**u** Müssen Sie manchmal auch am Wochenende oder am Abend arbeiten?

**v** Was können Sie gut? Nennen Sie mindestens drei Beispiele.

**w** Was können Sie nicht so gut? Nennen Sie drei Beispiele.

**x** Was möchten Sie heute noch machen?

## 2 Lesen

*Daniels Blog – Mein Wochenende*

**Freitag**
Es ist Freitag und mein Chef ist nicht da. Da mache ich heute spätestens um 14 Uhr Feierabend!

Heute gehe ich erst noch zum Training. Danach treffe ich meine Freundin Steffi und um 15.30 Uhr gehen wir ins Kino. Im CinemaxX spielt der neue Film mit Kate Winslet. Den möchten wir sehen.

Nach dem Film gehen wir dann essen. Wir essen gern griechisch und im Stadtzentrum gibt es drei gute griechische Restaurants. Wenn man vor 18 Uhr ins Dionysos kommt, gibt es dort Spezialpreise und man kann ziemlich viel Geld sparen.

Danach möchte Steffi nach Hause gehen und fernsehen, aber ich möchte lieber in die Casablanca-Disco gehen und tanzen. Da kann man bis um 23 Uhr für nur drei Euro reinkommen. Ich trinke auch überhaupt keinen Alkohol, wenn ich Auto fahren muss. Wir tanzen meistens bis um halb drei morgens und dann kommt Steffi mit mir nach Hause.

**Samstag**
Samstags kann Steffi lange schlafen. Ich muss aber schon um 9 Uhr im Büro sein. Das finde ich natürlich nicht so gut! Aber um eins ist samstags bei uns im Büro schon wieder Feierabend. Oft fahre ich Samstagnachmittag zu einem Fußballspiel. Steffi fährt manchmal mit, aber Fußball findet sie nicht so interessant. Meistens fahre ich mit meinem Freund Alex zum Spiel.

Am Samstagabend bin ich immer mit Steffi zusammen. Manchmal gehen wir ins Kino, manchmal gehen wir mit Freunden in die Kneipe und manchmal bleiben wir bei mir zu Hause. Die Hauptsache ist, dass wir zusammen sind.

**Sonntag**
Sonntags schlafe ich lange und besuche dann nach dem Mittagessen meine Oma. Ich helfe meiner Oma im Haushalt und mit der Gartenarbeit. Sie backt mir immer einen wunderbaren Kuchen. Am Abend sehen wir ein bisschen fern und gegen 9 Uhr gehe ich wieder nach Hause. Dann ist der Montag bald wieder da!

Richtig oder falsch? Korrigieren Sie die falschen Aussagen.

**a** Am Freitag kann Daniel um 2.00 Uhr nachmittags Feierabend machen, weil sein Chef nicht da ist.

**b** Daniel und Steffi wollen Freitagabend ins Kino gehen.

**c** Daniel und Steffi essen gern griechisch, aber im Stadtzentrum gibt es nur ein griechisches Restaurant.

**d** Daniel möchte später am Freitagabend tanzen gehen, aber Steffi möchte lieber zu Hause fernsehen.

**e** Daniel trinkt nur wenig Alkohol, wenn er fahren muss.

**f** Samstags muss Daniel von 9.00 bis 13.00 Uhr arbeiten.

**g** Oft fährt er am Samstagnachmittag mit seinem Freund Alex zu einem Fußballspiel.

**h** Samstagabend ist Daniel immer mit Steffi zusammen.

**i** Sonntags besucht Daniel seinen Vater.

**j** Daniel backt sonntags immer einen Kuchen.

# 7 | Alltag in der Stadt

## Abschnitte A & B

### Übungen

#### I Wie heißen die Geschäfte?

Ergänzen Sie.

**a** Die B u ch h andlung:
Hier bekommt man Bücher, DVDs etc.

**b** Der G_tr_nke_arkt:
Hier kann man vor allem Bier, Wein, Limonade, Cola etc. kaufen.

**c** Die Fl _ _scherei oder Metzger_ _:
Hier bekommt man Fleisch, Würstchen etc.

**d** Die B _ _k:
Hier kann man zum Beispiel Geld wechseln.

**e** Die _ p_th_ke:
Hier bekommt man Aspirin und andere Medikamente.

**f** Die B _ c _e _ei:
Hier holt man Brot, Brötchen und Kuchen.

**g** Der E_ _ktr_laden:
Hier bekommt man Handys, Notebooks, PCs etc.

**h** Das K _ _ fhau _:
Hier kann man fast alles kaufen.

**i** Die _ro_erie:
Hier bekommt man Shampoo, Zahnpasta etc.

**j** Der K_osk:
Hier bekommt man Zeitungen, Zigaretten und Süßigkeiten.

## 2 In der Buchhandlung

Ergänzen Sie.

> Wiedersehen – Deutsch – Euro – bezahlen – habe – Beispiel – hat – kostet – nehme – ist – Reiseführer – helfen – Wochenende

| | |
|---|---|
| **Verkäufer** | Guten Tag. Kann ich Ihnen **I**_____? |
| **Kunde** | Ja, ich fahre am **2**_____ nach Paris und suche einen guten **3**_____. |
| **Verkäufer** | Auf Deutsch oder auf Französisch? |
| **Kunde** | Auf **4**_____. |
| **Verkäufer** | Ja, da haben wir hier zum **5**_____ einen Reiseführer von Baedeker. |
| **Kunde** | Mmh, der **6**_____ nicht so viele Fotos. |
| **Verkäufer** | Oh, dann **7**_____ ich hier noch einen Reiseführer von Merian. |
| **Kunde** | Und was **8**_____ er? |
| **Verkäufer** | 12 **9**_____50. |
| **Kunde** | Gut, dann **I0**_____ ich den Merian-Reiseführer. Wo kann ich **I I**_____? |
| **Verkäufer** | Da vorne **I2**_____ die Kasse. |
| **Kunde** | Auf **I3**_____. |

# Grammatik

## Dativ (1) – mit Präpositionen

**Dativ nach *in* + *auf*, wenn man sagt:**

*Man bekommt das / Man kauft das ... / Er ist*

| (m) | (f) | (nt) |
|---|---|---|
| **im** Supermarkt | *in* **der** Bäckerei | **im** Kaufhaus |
| **im** Getränkeladen | *in* **der** Apotheke | **im** Fotogeschäft |
| (*im = in dem*) | | (*im = in dem*) |

**Vorsicht!**
*Man bekommt das ... / Man kauft das ... / Er ist ...*

*auf* **dem** Markt      *auf* **der** Bank

**Plural**
Man kann gut *in* **den** Kaufhäuser**n** einkaufen.

**Beantwortet die Frage: Wo?**
Wo kann man das kaufen? → Im Supermarkt.
Wo ist er? → Auf der Bank.

## 1 Wo sind die Leute?

Lesen Sie, was die Personen sagen und entscheiden Sie, wo sie sind.

**a** „Ich brauche neue Batterien für meine Kamera."
   **i** Im Fotogeschäft; **ii** In der Apotheke.

**b** „Wie teuer ist denn der neue Plasmabildschirm von Sony?"
   **i** In der Buchhandlung; **ii** Im Elektroladen.

**c** „Dann nehme ich noch 1 Kilo Kartoffeln."
   **i** Auf dem Markt; **ii** Im Café.

**d** „Haben Sie das neue Parfüm von Chanel?"
   **i** In der Fleischerei; **ii** In der Drogerie.

**e** „Wo kann ich Pullover für Kinder finden?"
   **i** Im Kaufhaus; **ii** Im Fotogeschäft.

**f** „Oh, ich möchte gern eine Packung Aspirin."
   **i** In der Apotheke; **ii** Im Getränkemarkt.

**g** „Und dann möchte ich noch 10 Brötchen."
   **i** In der Fleischerei; **ii** In der Bäckerei.

## 2 Wo bekommt man das?

Beantworten Sie die Fragen.

**a** Wo kann ich Medikamente kaufen?
   *In der Apotheke.*

**b** Wo bekommt man T-Shirts?
   _____

**c** Wo kann ich Geld wechseln?
   _____

**d** Wo kann ich einen Regenschirm bekommen?
   _____

**e** Wo kann ich Würstchen kaufen?
   _____

**f** Wo kann ich eine Flasche Rotwein bekommen?
   _____

**g** Wo kann ich Obst kaufen?
   _____

**h** Wo kann ich einen Cappuccino trinken?
   _____

# Mehr Vokabeln

### Geschäfte

| | |
|---|---|
| Das Sportgeschäft: | Hier bekommt man Tennisschläger, Fußbälle etc. |
| Das Schuhgeschäft: | Hier kauft man Schuhe. |
| Das Fahrradgeschäft: | Hier bekommt man Fahrräder. |
| Die Weinhandlung: | Hier kann man guten Wein kaufen. |
| Der Bioladen: | Hier kann man ökologische Produkte kaufen, zum Beispiel ökologisches Gemüse. |
| Das Blumengeschäft: | Hier kann man zum Beispiel Rosen und Tulpen kaufen. |

# Abschnitt C

## Übungen

### 1 Tagesablauf

Was fehlt hier? Ergänzen Sie, bitte.

> Feierabend – gern – E-Mails – Konzert – Dusche – wach – Büro – Salat – früh – stressig – auf – Brötchen – Honig – klassische Musik – Glas Tee – Kunden

**a** Mein Tagesablauf beginnt _____.

**b** Ich stehe um 7 Uhr _____.

**c** Ich brauche immer eine kalte _____.

**d** Dann werde ich _____.

**e** Normalerweise esse ich ein
_____ mit _____.

**f** Ich trinke immer ein _____.

**g** Ich bin so gegen 9 Uhr im _____.

**h** Dann schreibe und beantworte ich
_____.

**i** Außerdem spreche ich viel mit _____.

**j** Mittags esse ich meistens einen _____.

**k** Meistens habe ich so gegen 6 Uhr
_____.

**l** Mein Beruf ist interessant, aber manchmal auch
_____.

**m** Abends koche ich _____.

**n** Manchmal gehe ich auch mit meinem Mann ins
_____.

**o** Wir lieben _____.

## 2 Marcels Tagesablauf

Lesen Sie und beantworten Sie dann die Fragen.

> **8.30 Uhr** Ich stehe auf, dusche und frühstücke. Morgens esse ich nicht viel. Meistens esse ich nur ein Brot mit Marmelade zum Frühstück und trinke einen Kaffee. Dann fahre ich mit dem Fahrrad zur Universität.
>
> **10.00 Uhr** Meine Seminare und Vorlesungen fangen meistens um 10 Uhr an. Ich habe jeden Tag Seminare und Vorlesungen, denn ich bin in meinem letzten Jahr. Ich finde mein Studium sehr interessant, manchmal ist es aber auch anstrengend.
>
> **13.00 Uhr** Ich gehe in die Mensa. Ich esse jeden Tag in der Mensa. Das Essen ist sehr gut und auch billig. Hier treffe ich andere Studenten.
>
> **14.00 Uhr** Ich bin wieder in einem Seminar oder in einer Vorlesung. In den Seminaren sind wir meistens 20 bis 30 Studenten. In den Vorlesungen gibt es oft mehr als 100 Studenten.
>
> **16.30 Uhr** Ich sitze meistens in der Bibliothek und lerne. Ich muss mich auf mein Examen vorbereiten. Ich studiere Jura und da muss man viel lernen.

20.00 Uhr Ich bin wieder zu Hause und koche etwas. Manchmal treffe ich noch Freunde und wir gehen aus. Im Moment habe ich aber nicht so viel Zeit, denn am Wochenende arbeite ich außerdem in einem Restaurant.

a  Was macht Marcel vor dem Frühstück?

b  Was isst Marcel zum Frühstück?

c  Wann fangen seine Seminare an?

d  Wie findet er sein Studium?

e  Wo isst er zu Mittag?

f  Was macht er um 14.00 Uhr?

g  Wo ist er um 16.30 Uhr?

h  Arbeitet er auch?

# Grammatik

## Akkusativ oder Dativ nach *in* / *auf*

**I  Akkusativ nach:**
*Ich gehe ... / Kommst du mit ...*

| (m) | (f) | (nt) |
|---|---|---|
| in den Park | in die Kneipe | ins Büro |
| in den Supermarkt | in die Bibliothek | ins Café |
| | in die Stadt | ins Kino |
| in den Garten | auf die Post | ins Restaurant |
| auf den Markt | | |

Beantwortet die Frage: *Wohin?*

**2  Dativ nach:**
*Ich bin / arbeite / studiere / esse / trinke / kaufe etwas etc.*

| (m) | (f) | (nt) |
|---|---|---|
| im Park | in der Kneipe | im Büro |
| im Supermarkt | in der Bibliothek | im Café |
| im Garten | in der Stadt | im Kino |
| auf dem Markt | auf der Post | im Restaurant |

Beantwortet die Frage: *Wo?*

## I Welche Frage (A) passt zu welcher Antwort (B)?

**A**

I  Wo arbeitet Carla?

2  Wohin geht Herr Ihßen gern?

3  Was wollen Gaby and Peter am Wochenende machen?

4  Wo ist Steffi?

5  Wohin geht Tim?

6  Wo kauft Anni meistens ein?

7  Wo ist Marcel?

**B**

a  Sie wollen ins Kino gehen.

b  Er ist in der Bibliothek.

c  Sie kauft im Supermarkt ein.

d  Er geht gern ins Fitnesscenter.

e  Sie arbeitet im Café *Bio-Keks*.

f  Er geht ins Büro.

g  Sie ist im Büro.

## 2 Akkusativ oder Dativ?

Sind die unterstrichenen Wörter im Akkusativ oder Dativ?

**a**

**i** Gehen wir heute <u>ins Kino</u>? (*Akkusativ*)

**ii** Es gibt einen neuen französischen Film <u>im Kino</u>. (*Dativ*)

**b**

**i** Er trinkt ein Bier <u>in der Kneipe</u>. (_____)

**ii** Er geht sehr gern <u>in die Kneipe</u>. (_____)

**c**

**i** Sie arbeitet jeden Tag <u>im Büro</u>. (_____)

**ii** Wann gehst du <u>ins Büro</u>? (_____)

**d**

**i** Annett kauft meistens <u>im Bioladen</u> ein. (_____)

**ii** Ich gehe noch schnell <u>in den Bioladen</u> und hole Milch. (_____)

**e**

**i** Kommst du mit <u>in die Disco</u>? (_____)

**ii** Ja, <u>in der Disco</u> kann man super tanzen. (_____)

**f**

**i** Claudio sitzt jeden Tag <u>in der Bibliothek</u>. (_____)

**ii** Er geht jeden Tag <u>in die Bibliothek</u>. (_____)

**g**

**i** Kommst du mit <u>in den Park</u>? (_____)

**ii** Ja, <u>im Park</u> kann ich gut joggen. (_____)

## 3 Wie heißt es richtig?

Ergänzen Sie.

in die – in die – ins – ins – ins – ins – ins – im im – im – im – in den – in den – in der

Sabrina steht um 8 Uhr auf und geht dann **1**_____ Büro. Um kurz nach neun ist sie **2**_____ Büro und beantwortet ihre E-Mails. Mittags geht sie oft **3**_____ Park und isst ein Baguette. Nach Feierabend geht Sabrina gern **4**_____ Café, trinkt einen Cappuccino und liest Zeitung.

Meistens kauft sie **5**_____ Bioladen ein. Sie geht nicht gern **6**_____ Supermarkt. Abends geht sie gern mit Freunden **7**_____ Kino oder **8**_____ Kneipe. Sabrina isst auch gern **9**_____ Restaurant, aber das ist oft zu teuer.

Am Samstagmorgen geht sie meistens **10**_____ Fitnesscenter. Am Abend geht sie manchmal **11**_____ Disco. Sie liebt Salsa und manchmal tanzt sie bis um vier Uhr **12**_____ Disco. Dann geht sie sehr spät **13**_____ Bett. Am Sonntag bleibt sie dann sehr lange **14**_____ Bett.

## Mehr Vokabeln

**Tagesablauf**

Wo arbeiten die Leute? Und was machen sie?

| *Ich arbeite ...* | *Ich ...* |
|---|---|
| in einer Bank. | berate Kunden. |
| in einer PR-Agentur. | schreibe Texte. |
| in einer Fabrik. | stelle Fernseher etc. her. |
| in einer Autowerkstatt. | repariere Autos. |
| in einer Schule. | unterrichte Kinder. |
| im Kaufhaus. | verkaufe Kleidung, Parfüm etc. |
| im Krankenhaus. | helfe Patienten. |
| im Restaurant. | bediene Kunden. |

# Abschnitt D

## Übungen

**1** Was ist das?

Ordnen Sie zu.

> das Auto – die U-Bahn – das Motorrad –
> das Fahrrad – das Flugzeug – der Bus –
> die Straßenbahn – der Zug

(a) _____   (b) _____   (c) _____   (d) _____

(e) _____   (f) _____   (g) _____   (h) _____

## 2 Was passt am besten?

Verbinden Sie Satz A mit Satz B.

| A | B |
|---|---|
| **1** Die Schule ist nicht weit. | **a** Die Fahrt kostet dann weniger. |
| **2** Sie fährt mit dem Fahrrad. | **b** Von der Haltestelle bis zum Büro ist es nicht weit. |
| **3** Ich fahre mit dem Bus. | **c** Die Station ist direkt neben der Uni. |
| **4** Ich fahre mit dem Auto. | **d** Er kann zu Fuß gehen. |
| **5** Ich habe eine Monatskarte. | **e** Er kann im Flugzeug arbeiten. |
| **6** Sie fährt mit dem Zug. | **f** Das ist gut für die Umwelt. |
| **7** Er fliegt zweimal die Woche nach Paris. | **g** Sie wohnt in der Nähe vom Bahnhof. |
| **8** Sie fährt meistens mit der U-Bahn. | **h** Die Fahrt mit dem Bus dauert zu lange. |

## 3 Puzzle – Thema: Verkehr

Wie viele Wörter finden Sie? Wir haben 24 Wörter gefunden. Vielleicht finden Sie noch mehr.

| M | F | A | H | R | S | C | H | E | I | N |
|---|---|---|---|---|---|---|---|---|---|---|
| O | L | U | M | S | T | E | I | G | E | N |
| N | U | M | W | E | L | T | E | U | E | R |
| A | G | V | A | F | A | H | R | R | A | D |
| T | E | E | B | U | S | M | O | F | A | U |
| S | T | R | A | SS* | E | N | B | A | H | N |
| K | A | K | A | W | E | I | T | H | Z | I |
| A | X | E | U | D | A | U | E | R | N | M |
| R | I | H | T | I | C | K | E | T | O | Z |
| T | I | R | O | P | A | R | K | E | N | U |
| E | V | E | R | B | I | N | D | U | N | G |

*STRASSENBAHN, aber Straßenbahn

## Grammatik

### Dativ (2) mit Präpositionen

**Dativ-Endungen immer nach *mit, von, zu*:**

**1** Ich fahre mit dem Bus. (m)
           mit der U-Bahn. (f)
           mit dem Auto. (nt)

**2** Er fährt zum Bahnhof. (zu dem = zum) (m)
           zur Universität. (zu der = zur) (f)
           zum Stadion. (zu dem = zum) (nt)

**3** Ich fahre vom Bahnhof zum Stadion. (von dem = vom) (m)
           von der Universität nach Hause. (f)
           vom Stadion zur Universität. (von dem = vom) (nt)

---

**Achtung! Endungen im Dativ:**
der → -(e)m
die → -(e)r
das → -(e)m
Plural → *den*

Mehr über Pluralformen und den Dativ in Lektion 9, Seite 83.

## 1 Wie heißt es richtig?

Ergänzen Sie.

Tipp: Sehen Sie Übung 1, Seite 66, für das Geschlecht der Nomen.

**a** Er fährt gern mit *dem* Bus.
**b** Maria fährt jeden Tag mit _____ Fahrrad.
**c** Fährst du mit _____ U-Bahn?
**d** Ich fahre mit _____ Zug nach Berlin.
**e** Er fliegt oft mit _____ Flugzeug.
**f** Mit _____ Auto dauert die Fahrt nur 20 Minuten.
**g** Mit _____ neuen Motorrad kann er sehr schnell fahren.
**h** Sie fährt meistens mit _____ Straßenbahn zur Arbeit.

## 2 Wohin fahren die Buslinien?

Schreiben Sie und sprechen Sie dann.

Tipp: Bahnhof (m), Flughafen (m), Stadtpark (m), Michaelis-Kirche (f), Universität (f), Schule (f), Museum (nt), Hotel (nt), Stadion (nt).

**Beispiel**
Linie 3: Bahnhof – Flughafen. →
*Die Linie 3 fährt vom Bahnhof zum Flughafen.*

**a** Linie 12: Universität – Bahnhof.
*Die Linie 12 fährt von der Universität zum Bahnhof.*

**b** Linie 18: Michaelis-Kirche – Stadtpark.

_____

**c** Linie 6: Stadtpark – Museum.

_____

**d** Linie 112: Hotel Interconti – Stadion.

_____

**e** Linie 24: Bismarck-Schule – Universität.

_____

**f** Linie 12: Flughafen – Stadtpark.

_____

**g** Linie 7: Museum – Michaelis-Kirche.

_____

**h** Linie 3: Universität – Flughafen.

_____

## 3 Wie fahren die Leute zur Uni und zur Arbeit?

Ergänzen Sie.

> zum – zum – mit dem – mit dem – mit dem – zur – zur – zur – mit der – mit der – Von der – von der

**a** Ich arbeite im Museum und fahre meistens **1**_____ _____ Auto **2**_____ Museum. Ich kann da gut parken. Ich fahre etwa 20 Minuten.

**b** Ich fahre meistens **3**_____ _____ U-Bahn **4**_____ Arbeit. Ich muss einmal umsteigen. Die Fahrt dauert etwa 30 Minuten. **5**_____ _____ U-Bahnstation bis **6**_____ Büro brauche ich nur 10 Minuten. Ich habe eine Monatskarte. Sie kostet € 70.

**c** Ich kann zu Fuß **7**_____ Arbeit gehen. Das ist natürlich fantastisch. Ich brauche nur 15 Minuten. Ich habe auch ein Motorrad – eine alte Honda. Am Wochenende fahre ich sehr gern **8**_____ _____ Motorrad zu meinen Eltern.

**d** Ich fahre fast jeden Tag **9**_____ _____ Fahrrad **10**_____ Universität. Im Winter fahre ich manchmal **11**_____ _____ Straßenbahn. Ich

brauche ungefähr 20 Minuten **12**_____ _____ Uni bis nach Hause.

## 4 Und jetzt Sie!

Wie fahren Sie zur Arbeit oder zur Universität? Wie lange dauert die Fahrt? Müssen Sie umsteigen? Wie finden Sie die Fahrt? Schreiben Sie ein paar Sätze wie in Übung 3.

_____

_____

_____

_____

_____

_____

## Mehr Vokabeln

**Verkehrsmittel**

der Wagen (-) / das Auto (-s)
das Elektroauto (-s)
der Geländewagen (-) (ein Landrover, etc.)
das Taxi (-s) / (Taxen)
das Schiff (-e)
das Boot (-e)
das U-Boot (-e)

der Hubschrauber (-)     die Rakete (-n)

## *Und zum Schluss*

 **1** Lesen

Lesen Sie den Text und beantworten Sie die Fragen.

# Airport Nürnberg

EINFACH ABHEBEN.

## Anreise
## Mit U-Bahn oder Bus zum oder vom Airport Nürnberg

Die U-Bahn-Linie U2 verbindet den Hauptbahnhof Nürnberg direkt mit dem Flughafen und so mit der gesamten Nürnberger Innenstadt.

Die Fahrtzeit vom Hauptbahnhof zum Flughafen beträgt 12 Min.

**Nur 25 Minuten dauert die Fahrt zum Messegelände:** Steigen Sie bitte am Hauptbahnhof von der U2 in die U1 Richtung Langwasser um!

Darüber hinaus ist der Airport auch über das **Busnetz** der Stadt Nürnberg gut zu erreichen. Mit der **Buslinie 32** (ab Endhaltestelle Thon) sowie der **Buslinie 33** (ab Nürnberg-Buch) gelangen Sie alle 10 Minuten zum Flughafen.

## Nehmen Sie doch ein Taxi

Rund um die Uhr stehen am Flughafen Nürnberg Taxen für Sie bereit.

Fahrtkosten
Airport – Nürnberg City: (15 Min.) ca. €16
Airport – Nürnberg Hauptbahnhof: (15 Min.) ca. €16

### Deutsche Bahn

Sie möchten ganz entspannt anreisen ohne Stress und Stau? Dann fahren Sie mit der Bahn!

Vom Hauptbahnhof erreichen Sie den Flughafen schnell und bequem ohne Umsteigen mit der U-Bahn-Linie U2 in nur 12 Minuten.

### Sleep & Fly

**Wenn Sie eine längere Anreise haben, dann nutzen Sie unser Park, Sleep and Fly Angebot**

Und so funktioniert's:

Sie parken Ihr Auto am Airport Nürnberg und checken das Gepäck schon am Vorabend ein. Dabei erhalten Sie gleich Ihre Bordkarte. Die Nacht verbringen Sie ganz entspannt in einem namhaften Nürnberger Hotel.

Source: http://www.airport-nuernberg.de/urlauber/anreise/

Richtig oder falsch? Korrigieren Sie die falschen Aussagen.

**a** Vom Nürnberger Stadtzentrum kann man mit der U-Bahn-Linie 2 zum Flughafen fahren.

**b** Die Fahrt mit der U-Bahn vom Hauptbahnhof zum Flughafen dauert nur 25 Minuten.

**c** Man kann auch mit dem Bus von Nürnberg zum Flughafen fahren.

**d** Busse fahren alle 15 Minuten zum Flughafen.

**e** Vom Hauptbahnhof bis zum Flughafen bezahlt man circa 18 Euro für eine Taxifahrt.

| Vokabeln | |
|---|---|
| die Messe | *trade show, fair* |
| entspannt | *relaxed* |

**f** Man kann am Abend vor dem Flug mit dem Auto zum Flughafen fahren und dort in einem Hotel übernachten.

**g** Man kann auch am Abend vor dem Flug einchecken und die Bordkarte bekommen.

**2** Sprechen

Ein Interview. Was sagen Sie?

a  Wann stehen Sie normalerweise auf?

b  Was essen und trinken Sie meistens zum Frühstück?

c  Wann verlassen Sie das Haus?

d  Wie fahren Sie zur Arbeit / zur Universität?

e  Wie lange dauert die Fahrt?

f  Müssen Sie umsteigen?

g  Wie sind die Verkehrsverbindungen in Ihrer Stadt?

h  Wann fängt Ihre Arbeit / Ihr Studium an?

i  Was machen Sie meistens am Vormittag?

j  Wo essen Sie meistens zu Mittag und was essen Sie?

k  Was machen Sie am Nachmittag?

l  Wann haben Sie Feierabend? / Wann ist Ihre Uni zu Ende?

m  Wohin gehen Sie dann? Was machen Sie?

n  Kaufen Sie in der Woche oder meistens am Wochenende ein?

o  Wo kaufen Sie meistens ein?

p  Gehen Sie gern shoppen?

q  Was kaufen Sie gern? Was kaufen Sie nicht gern?

r  Was machen Sie normalerweise am Wochenende?

s  Wohin gehen Sie gern?

# 8 | Was haben Sie gemacht?

## Abschnitt A

### Übungen

#### 1 Was hat Nico gestern gemacht?

Ergänzen Sie.

> ~~geduscht~~ – gespielt – gesurft – gefrühstückt
> – telefoniert – gearbeitet – gekocht –
> gekauft

**a** Um 7.30 Uhr hat Nico *geduscht*.

**b** Danach hat er schnell _____.

**c** Von 8 Uhr bis 17 Uhr hat er _____.

**d** Um 17.30 Uhr hat er ein paar Flaschen Wein
_____.

**e** Danach hat er mit Freunden Basketball
_____.

**f** Am Abend hat er Reis mit Gemüse
_____.

**g** Anschließend hat er mit seinen Eltern
_____.

**h** Um 22 Uhr hat er im Internet
_____.

#### 2 Verbformen

Ergänzen Sie.

| Infinitiv | Partizip II (Past participle) |
|---|---|
| **a** duschen | *geduscht* |
| **b** _____ | *gefrühstückt* |
| **c** arbeiten | _____ |
| **d** kaufen | _____ |
| **e** _____ | *gespielt* |

**f** kochen _____

**g** _____ *telefoniert*

**h** _____ *gesurft*

#### 3 Wo haben die Leute das gemacht?

Ticken Sie.

| | Fußball gespielt | eingekauft | gearbeitet | ein Konzert gehört |
|---|---|---|---|---|
| im Park | ✓ | | | |
| auf dem Markt | | | | |
| im Kranken-haus | | | | |
| im Garten | | | | |
| zu Hause | | | | |

### Grammatik

> **Perfekt – Regelmäßige Verben**
>
> **Bildung:** *haben* + Partizip II (ge + *Verbstamm* + t):
> Ich habe gespielt.
> Sie hat einen neuen Computer gekauft.
>
> **Achtung!**
> 1 Kein ge für:    bezahlen → bezahlt
>                   verdienen → verdient
>                   fotografieren → fotografiert
> 2 Trennbare Verben:
>                   einkaufen → eingekauft
> 3 Verbstamm endet mit t oder d: gearbeitet, geredet

## 1 Mehr regelmäßige Verben

Bilden Sie das Partizip II (*past participle*). Sie können alle Verben in den Vokabel-Checklisten in *Willkommen!* (Lektionen 1–8) finden.

**Beispiel**
*arbeiten → gearbeitet*

| regelmäßig | kein ge / trennbar |
|---|---|
| arbeiten → _____ | besorgen → _____ |
| brauchen → _____ | bestellen → _____ |
| dauern → _____ | besuchen → _____ |
| duschen → _____ | erledigen → _____ |
| haben → _____ | verdienen → _____ |
| hassen → _____ | |
| kaufen → _____ | buchstabieren → _____ |
| kosten → _____ | fotografieren → _____ |
| leben → _____ | studieren → _____ |
| lernen → _____ | telefonieren → _____ |
| lieben → _____ | |
| machen → _____ | |
| reden → _____ | abholen → _____ |
| sagen → _____ | einkaufen → _____ |
| schmecken → _____ | |
| suchen → _____ | vorbereiten → _____ |
| tanzen → _____ | |
| wohnen → _____ | |

Wissen Sie noch, was die Wörter bedeuten? Sie sind alle im Glossar, Seiten 144–154.

## 2 Wie heißt es richtig?

Ergänzen Sie.

**a** Die Fahrt hat 2 Stunden *gedauert*. (dauern)

**b** Er hat zwei Jahre in Afrika _____. (leben)

**c** Was haben Sie gestern _____? (machen)

**d** Hat Marion wieder so viel _____? (reden)

**e** Was hast du _____? (sagen)

**f** Die Pizza hat gut _____. (schmecken)

**g** Hast du noch ein Bier _____? (bestellen)

**h** Aishe hat Geographie _____. (studieren)

**i** Am Wochenende hat er seine Freundin _____. (besuchen)

**j** Du hast aber viel _____. (einkaufen)

**k** Hast du schon das Paket _____? (abholen)

## 3 Was haben Sie gemacht?

Antworten Sie.

**a** Wann haben Sie heute gefrühstückt? → (um 8 Uhr)
*Ich habe heute um 8 Uhr gefrühstückt.*

**b** Wann haben Sie gearbeitet? → (von 9 bis 17.00 Uhr)
*Ich habe*

_____

**c** Wann haben Sie Mittagspause gehabt? → (um 13 Uhr)
*Ich*

_____

**d** Haben Sie etwas gekauft? → (ein Paar Joggingschuhe)
*Ja, ich*

_____

**e** Haben Sie telefoniert? → (mit meiner Schwester)
*Ja, ich*

_____

**f** Haben Sie etwas gekocht? → (Hähnchen mit Reis)
*Ja, ich*

_____

**g** Was haben Sie am Abend gemacht? → (Freunde besucht)
*Am Abend habe*

_____

# Mehr Vokabeln

---

### Mehr Verben im Perfekt – Internet

Ich habe ...    im Internet gesurft.
im Internet gechattet.
eine SMS geschickt.
gesimst.

---

# *Abschnitt B*

## Übungen

### I Was kann man alles auf dem Flohmarkt kaufen?

| H | E | U | N | T | E | R | H | E | M | D | T |
|---|---|---|---|---|---|---|---|---|---|---|---|
| T | A | S | S | E | M | A | N | T | E | L | A |
| C | D | B | I | L | D | V | D | U | P | O | W |
| S | O | N | N | E | N | B | R | I | L | L | E |
| F | O | T | O | F | I | U | H | R | A | A | C |
| R | A | D | I | O | T | C | H | U | T | M | K |
| I | K | Ä | N | N | C | H | E | N | T | P | E |
| B | A | N | Z | U | G | F | A | H | E | E | R |

**i**

Finden Sie die Wörter im Puzzle. Wir haben 20 Wörter gefunden. Vielleicht finden Sie noch mehr?

**ii**

Heißt es *der, die* oder *das*? Finden Sie den richtigen Artikel. Zum Beispiel: das Radio; das Telefon.

### 2 Was passt am besten?

Verbinden Sie Satz A mit Satz B.

| **A** |
|---|
| I  Er kann schlecht aufstehen. |
| 2  Er mag Musik aus den 90er-Jahren. |
| 3  Er friert oft im Winter. |
| 4  Er trinkt gern Wein. |
| 5  Sie liest gern englische Krimis. |
| 6  Ihr Handy ist kaputt. |
| 7  Sie fährt nach Paris. |
| 8  Sie findet chinesische Medizin interessant. |

| **B** |
|---|
| a  Sie sucht einen guten Reiseführer. |
| b  Sie sucht einen Roman von Agatha Christie. |
| c  Er braucht einen lauten Wecker. |
| d  Er sucht alte CDs. |
| e  Er braucht eine warme Jacke. |
| f  Sie sucht ein gutes Buch über Akupunktur. |
| g  Er sucht schöne Weingläser. |
| h  Sie sucht eine neue SIM-Karte. |

# Grammatik

## Adjektive – Endungen

**1 Adjektive *nach* einem Nomen haben keine Endung:**
Die Arbeit ist *interessant.*
Der Computer ist *neu.*

**2 Adjektive *vor* einem Nomen haben Endungen:**

Zum Beispiel: *Akkusativ* mit *einen, eine, ein* →

Petra hat einen *neuen* Computer. *(m)*
Er hat eine *interessante* Arbeit. *(f)*
Sie trinkt ein *kaltes* Bier. *(nt)*
Sie haben *nette* Eltern. *(pl)*

## I Wie heißt das Gegenteil?

**a** klein – gr _ _
**b** alt – _ eu
**c** interessant – lang _ _ _ _ _ _
**d** schwer – l _ _ cht
**e** arm – re _ _ h
**f** gut – _ _ _ lecht
**g** billig – t _ _ _ _
**h** schnell – langs _ _
**i** kalt – w _ _ _
**j** früh – sp _ t
**k** hässlich – schö _
**l** leise – l _ _ t
**m** modisch – _ _ _ modisch

## 2 Adjektivendungen

Ergänzen Sie.

**a** Die Arbeit von Frau Mehrlitz ist interessant.
Sie hat eine interessant__ Arbeit.
**b** Der Anzug von Peter ist sehr modisch.
Er hat einen sehr modisch__ Anzug.
**c** Der Partner von Sabine ist langweilig.
Sabine hat einen langweilig__ Partner.

**d** Der Laptop von Carsten ist neu.
Er hat einen neu__ Laptop.
**e** Das Wochenende von Gabriella war schön.
Sie hat ein schön__ Wochenende gehabt.
**f** Das Handy von Ulrich war billig.
Er hat ein billig__ Handy gekauft.
**g** Die Ferien waren gut.
Sie haben gut__ Ferien gehabt.
**h** Die Joggingschuhe von Caroline sind modisch.
Sie hat modisch__ Joggingschuhe.

# Mehr Vokabeln

**Sachen auf dem Flohmarkt**

die Vase (-n)
die Lederjacke (-n)
das Comicheft (-e)
die 70er-Jahre-Lampe (-n)
das Radio (-s)

# *Abschnitt C*

## Übungen

### I Der Text von Peter Wichtigs Single *Ich kann dich nicht vergessen* – was fehlt?

Ergänzen Sie und hören Sie dann den Song auf der *Willkommen*-CD (CD2 Track 12).

verrückt – du – Hund – gesund – Essen – zurück – weine

Ich kann dich nicht vergessen,
was immer ich auch tu.
Beim Schlafen und beim I_____
ich frag' mich, wo bist 2_____?

Ich kann dich nicht vergessen,
besonders nach dem zweiten Bier.
Ich kann dich nicht vergessen,
oh komm zurück zu mir.

Ich fühl' mich so alleine,
ich fühl' mich nicht **3**_____.
Oh Baby und ich **4**_____,
wie ein armer **5**_____.

Ich kann dich nicht vergessen,
das macht mich noch **6**_____.
Ich kann dich nicht vergessen,
oh Baby, komm **7**_____.

| **Neue Vokabeln** | |
|---|---|
| verrückt | *crazy* |
| gesund | *healthy, well* |
| weinen | *to cry* |
| zurück | *back* |

## 2 Was passt zusammen?

| A | |
|---|---|
| **1** | einen Tee / Sekt |
| **2** | eine Zeitung / ein Buch |
| **3** | einen Freund / eine Freundin |
| **4** | im Büro / zu Hause |
| **5** | um acht Uhr / spät |
| **6** | aus dem Haus / in eine Kneipe |
| **7** | mit der U-Bahn / zur Arbeit |
| **8** | mit dem Flugzeug |
| **9** | einen Film / eine DVD |
| **10** | im Park |

| B | |
|---|---|
| **a** | aufgestanden |
| **b** | gewesen |
| **c** | getrunken |
| **d** | gegangen |
| **e** | gesehen |
| **f** | geflogen |
| **g** | gelesen |
| **h** | spazieren gegangen |
| **i** | gefahren |
| **j** | getroffen |

# Grammatik

## Perfekt – Unregelmäßige Verben

**Bildung:**

1  *haben* + Partizip II:
   Ich habe ein Buch gelesen.
   Ich habe Kaffee getrunken.

2  *sein* + Partizip II:
   Ich bin nach München gefahren.
   Ich bin mit Air Berlin geflogen.

## Achtung! Partizip II (unregelmäßige Verben):

1  Fast alle Partizipien enden mit *en*: geles*en*,
   gefahr*en* etc.

2  Oft gibt es diese Vokalwechsel:

| i → u | trinken → getrunken |
|---|---|
| ie→ o | fliegen → geflogen |
| ei→ ie | bleiben → geblieben |
| e → o | treffen → getroffen |

**I** Monika arbeitet in einer PR-Firma. Was hat sie gestern gemacht?

aufstehen – eine Freundin treffen – zu Mittag essen – ins Kino gehen – am Computer arbeiten – frühstücken – ein Buch lesen – duschen – ins Bett gehen – mit dem Fahrrad zur Arbeit fahren

**a** Um 7 Uhr *ist Monika aufgestanden.*

**b** Danach hat sie _____

_____

**c** Um halb acht hat _____

_____

**d** Dann _____

_____

**e** Von halb neun bis ein Uhr _____

_____

**f** Um ein Uhr _____

_____

**g** Um halb acht Uhr _____

_____

**h** Sie ist mit ihrer Freundin _____

_____

**i** Um 23.00 Uhr _____

_____

**j** Um Mitternacht _____

_____

## 2 Wichtige unregelmäßige Verben

Wie heißen die *Infinitiv-Formen* und die *Partizip-Formen*? Ergänzen Sie die Liste.

| haben | sein |
|---|---|
| essen → *gegessen* | fahren → _____ |
| _____ → gefunden | fliegen → _____ |
| geben → _____ | gehen → _____ |
| heißen → _____ | kommen → _____ |
| lesen → _____ | laufen → _____ |
| sehen → _____ | schwimmen → _____ |
| schlafen → _____ | bleiben → _____ |
| schreiben → _____ | sein → _____ |
| singen → _____ | aufstehen → _____ |
| _____ → gesprochen | mitkommen → mitgekommen |
| treffen → _____ | spazieren gehen → _____ |
| trinken → _____ | |
| bekommen → _____ | |
| vergessen → vergessen | |
| _____ → verstanden | |
| anfangen → angefangen | |
| anrufen → _____ | |
| fernsehen → _____ | |

## 3 Üben Sie Sätze im Perfekt

Ergänzen Sie.

**a** *Hast* du gestern das Fußballspiel *gesehen?* (sehen)

**b** Tina _____ heute sehr früh _____. (aufstehen)

**c** Robert _____ noch ein paar E-Mails _____. (schreiben)

**d** Wir _____ auf der Party Sekt _____. (trinken)

**e** Wir _____ in einem 3-Sterne-Restaurant. _____. (essen)

**f** Matthias _____ spät nach Hause _____. (kommen)

**g** Am Wochenende _____ ich ins Kino _____. (gehen)

**h** Nadine _____ heute 5 km _____. (laufen)

**i** Er _____ noch nie in Deutschland _____. (sein)

**j** Ich _____ gestern einen interessanten Artikel _____. (lesen)

**k** Oh, das _____ ich _____. (vergessen)

## 4 Und was haben Sie gestern gemacht?

Schreiben Sie und sprechen Sie dann.

**Beispiel**
Sie sind heute um sieben Uhr aufgestanden. →

Wenn das richtig ist, schreiben Sie:
*Ja, heute bin ich um sieben Uhr aufgestanden.*

Wenn das nicht richtig ist, schreiben Sie, was Sie gemacht haben:
*Nein, heute bin ich erst um halb neun aufgestanden.*

**a** Sie sind heute um sieben Uhr aufgestanden.

**b** Zum Frühstück haben Sie Toast gegessen.

**c** Sie haben eine Tasse Kaffee dazu getrunken.

**d** Sie sind um acht Uhr zwanzig aus dem Haus gegangen.

**e** Sie sind mit dem Bus zur Arbeit / ins College / zur Uni gefahren.

**f** Sie haben von neun bis halb eins gearbeitet.

**g** Sie haben um Viertel vor eins zu Mittag gegessen.

**h** Sie sind um fünf Uhr wieder nach Hause gegangen.

**i** Sie sind abends zu Hause geblieben.

**j** Sie haben zwei Stunden ferngesehen.

# Abschnitt D

## Übungen

### 1 Wann war das?

Finden Sie das richtige Jahr.

| **Neue Vokabeln** | |
|---|---|
| erfunden | *invented* |
| entdeckt | *discovered* |

1928 – ~~1835~~ – 2001 – 1973 – 1876 – Vor
ungefähr 6000 Jahren – 1969 – 1886 – 1989

**a** _____ haben die Ägypter das Papier
erfunden.

**b** _____ hat Alexander Graham Bell das erste
Telefon erfunden.

**c** _____ hat Sir Tim Berners-Lee die Idee für
das „World Wide Web" gehabt.

**d** _____ hat Carl Benz das erste Auto
präsentiert.

**e** *1835* ist der erste Zug in Deutschland
gefahren.

**f** _____ ist der erste Mensch auf dem Mond
gelandet.

**g** _____ hat Alexander Fleming das Penizillin
entdeckt.

**h** _____ hat es das erste Handy gegeben.

**i** _____ hat Macintosh den ersten i-Pod
verkauft.

| **Tipp: Man sagt:** |
|---|
| 1835 → achtzehnhundertfünfunddreißig |
| 1969 → neunzehnhundertneunundsechzig |
| 2001 → zweitausendundeins |

### 2 Früher und heute

Schreiben Sie, wie es früher war und wie es
heute ist.

**Beispiel**
Heute haben viele Leute ein Auto. →
Früher haben nur wenige Leute ein Auto gehabt.

**a** Heute fliegen viele Leute mit dem Flugzeug.
Früher sind nur wenige Leute

_____

**b** Heute arbeiten viele Leute am Computer.
Früher haben nur wenige

_____

**c** Heute telefonieren viele Leute mit einem
Handy.
Früher _____

**d** Heute machen viele Leute ihren Urlaub im
Ausland.
Früher _____

**e** Heute schreiben viele Leute E-Mails an
Freunde.
Früher _____

**f** Heute gehen viele Leute ins Fitnesscenter.
Früher _____

**g** Heute sprechen viele Leute zwei oder mehr
Sprachen.
Früher _____

Können Sie andere Beispiele finden?

# Grammatik

---

## Perfekt – Wortstellung (*word order*)

**I  Ein Hauptsatz (one main clause)**
*Haben/sein* ist in Position 2 – das *Partizip II*
ist am Ende.

| (1) | (2) | | (Ende) |
|---|---|---|---|
| Ich | habe | ein Buch | gekauft. |
| Dann | bin | ich ins Kino | gegangen. |

**2  Hauptsatz (1) + und + Hauptsatz (2)**

| Ich habe geduscht | und ich habe dann gefrühstückt. |
|---|---|
| Ich habe eingekauft | und dann habe ich gearbeitet. |

**Achtung!**
Normalerweise gibt es *kein* Komma vor *und*.

---

## I Wortstellung

Ordnen Sie die folgenden Sätze. Beginnen Sie
mit dem Wort, das unterstrichen ist.

**Beispiel**
sind / ins Konzert / <u>Wir</u> /gegangen →
Wir sind ins Konzert gegangen.

a  eine E-Mail / <u>Peter</u> / hat / geschrieben

b  ins Fitnesscenter / ist / sie / gegangen / <u>Um
17.00 Uhr</u>

c  um 10 Uhr / <u>Ich</u> / habe / gehabt / ein Seminar

d  habe / ich / <u>Dann</u> / in der Bibliothek gearbeitet /
mit meinem Laptop

e  ist / heute / 40 Minuten / zur Arbeit gelaufen /
<u>Er</u>

f  haben / Leute / gehabt / <u>Früher</u> / vielleicht
weniger Stress

g  in München /<u>Vor zehn Jahren</u> / Maria /
gewohnt / hat

## 2 Verbinden Sie die zwei Sätze

**Beispiel**
Ich bin aufgestanden. Ich habe gefrühstückt. (*und
dann*) →
Ich bin aufgestanden *und dann* habe ich
gefrühstückt.

a  Erst hat Peter eine E-Mail geschrieben. Er hat
telefoniert. (*und danach*)

b  Sie haben sich um 6 Uhr getroffen. Sie haben
ein Musical gesehen. (*und um 8 Uhr*)

c  Er hat bis 7 Uhr gearbeitet. Er ist ins
Fitnesscenter gegangen. (*und danach*)

d  Ich bin mit dem Fahrrad zum Bahnhof gefahren.
Ich habe die U-Bahn genommen. (*und dann*)

e  Ich bin zuerst nach Hamburg geflogen. Ich habe
Berlin besucht. (*und anschließend*)

f  Ich habe am Abend noch ein Bier getrunken.
Ich habe sehr gut geschlafen. (*und später*)

# Abschnitte C & D

## Mehr Vokabeln

---

**Mehr Verben im Perfekt**

**I  Regelmäßig**

| entdecken → entdeckt | Fleming hat das Penizillin entdeckt. |
|---|---|

**2  Verben mit *sein***

| joggen → gejoggt | Ich bin eine Stunde gejoggt. |
|---|---|
| starten → gestartet | Die Rakete ist gestartet. |
| landen → gelandet | Die Rakete ist gelandet. |

---

# Und zum Schluss

 **1** Sprechen

Ein Journalist von einem deutschen Fernsehsender interviewt Sie. Wenn Sie wollen, schreiben Sie zuerst die Antworten. Beantworten Sie dann die Fragen.

a   Wann sind Sie heute aufgestanden?

b   Was haben Sie zum Frühstück gegessen?

c   Haben Sie Kaffee oder Tee getrunken?

d   Wann sind Sie aus dem Haus gegangen?

e   Sind Sie mit dem Bus oder der U-Bahn gefahren?

f   Was haben Sie am Vormittag gemacht?

g   Haben Sie zu Mittag in einem Restaurant gegessen?

h   Was haben Sie getrunken?

i   Was haben Sie am Nachmittag gemacht?

j   Haben Sie gestern etwas gekauft?

k   Haben Sie eine Zeitung gelesen?

l   Haben Sie gestern ein bisschen Sport gemacht?

m   Sind Sie gestern Abend ausgegangen oder sind Sie zu Hause geblieben?

n   Haben Sie ferngesehen?

o   Wenn ja, was haben Sie gesehen?

p   Wann sind Sie ins Bett gegangen?

q   Welche Musik haben Sie früher gehört? Welche Musik hören Sie jetzt gern?

r   Was haben Sie früher gern in Ihrer Freizeit gemacht? Was machen Sie jetzt gern in Ihrer Freizeit?

 **2** Lesen

**i**

Lesen Sie den Text auf der Seite 81 und beantworten Sie die Fragen.

a   Was macht ein Berliner Arzt seit über 20 Jahren?

b   Was hat er vor etwa drei Jahren gefunden?

c   Was hat man 1945 mit dem Bild gemacht?

d   Wie lange hat Amelie von Hoff das Bild restauriert?

e   Wo hängt das Bild jetzt?

**ii**

Lesen Sie den Text noch einmal. Sind die Aussagen richtig oder falsch? Korrigieren Sie die falschen Aussagen.

a   Meistens findet der Arzt interessante Bilder oder Grafiken auf dem Flohmarkt.

b   Das Bild zeigt den Preußen-Prinz Wilhelm IV.

c   Der Arzt hat viel Geld für das Bild bezahlt.

d   Amelie von Hoff hat das Bild mit Hilfe von einem alten Foto restauriert.

# Altes Bild auf dem Flohmarkt gefunden

**Ruth und Naemi** von Julius Hübner, 1831

Seit über 20 Jahren geht ein Berliner Arzt jedes Wochenende auf den Flohmarkt. Er sucht alte Bilder oder Grafiken. Meistens findet er nichts Besonderes, aber an einem Samstag vor etwa drei Jahren war das anders.

„Erst bin ich an dem Bild vorbeigegangen", sagt der Arzt. „Dann habe ich aber doch gesehen, dass es *Ruth und Naemi* von Julius Hübner war."

Der deutsche Künstler Julius Hübner (1806–1882) hat das Bild 1831 für den Preußen-Prinz Friedrich Wilhelm IV gemalt. Es zeigt zwei Frauen aus der Bibel, Ruth und Naemi.

Am Ende des Krieges 1945 hat man das Bild aus der Alten Nationalgalerie genommen und in einem Turm versteckt. Nach dem Krieg konnte man das Bild nicht mehr finden.

"Ich habe das Bild für ein paar Euro gekauft und der Alten Nationalgalerie gegeben", sagt der Arzt.

Amelie von Hoff hat es dann sechs Monate lang restauriert. "Das Bild war schmutzig und an vielen Stellen hat Farbe gefehlt", sagt die Restaurateurin. "Doch ich hatte ein altes Foto und habe genau gesehen, wie das Bild früher ausgesehen hat."

Der Chef des Museums, Bernhard Maaz, ist sehr glücklich, dass das Bild jetzt endlich wieder in der Alten Nationalgalerie hängt. Auf einer Pressekonferenz sagte Maaz, dass dem Museum seit 1945 noch hunderte von Bildern fehlen.

Mehr Informationen: http://www.smb.museum/smb/samm-lungen/ details.php?objID=17

# 9 | Ich wohne lieber in der Stadt

## Abschnitt A

### Übungen

### 1 Wie heißen die Wörter?

Ergänzen Sie.

**a** Hier wohnen viele Studenten:

*ein Studentenwohnheim.*

**b** Hier wohnen Leute zusammen, teilen die Miete etc.:

eine W_hng_m_ _nsc_aft.

**c** Hier gibt es viele Etagen und viele Wohnungen:

ein _ _ _ _haus.

**d** Ein Haus, das zusammen mit anderen Häusern steht:

ein R_ _ he_h_ _ s.

**e** Ein Haus für zwei Familien:

ein Z _ _ _fam_ _ _ _ _ha_ _.

**f** Eine Wohnung, die zum Beispiel 100 Jahre alt ist:

eine Al_ b _ _w _ _ n _ _ _.

**g** Hier kann man wohnen, wenn man zum Beispiel eine andere Stadt besucht:

ein H_ t _l.

**h** Ein Haus für eine Familie:

ein E _ _f _ _ il_ _ _h _ _ _.

### 2 Welches Wort passt am besten?

> Zimmer – Wohngemeinschaft – Garten – Blick – Verkehrsverbindungen – Miete – 88 m$^2$ – Stadtzentrum

**a** Hier ist es sehr grün. Wir haben jetzt auch einen _____.

**b** Unsere Wohnung ist _____ groß.

**c** Ich wohne in einem Hochhaus und habe einen schönen _____ auf die Stadt.

**d** Früher haben wir im _____ gewohnt.

**e** Die _____ ist nicht so hoch – € 720 im Monat.

**f** Ich habe ein kleines _____ im Studentenwohnheim.

**g** Viele Studenten leben in einer _____.

**h** Ich lebe in der Nähe vom Bahnhof. Die _____ sind natürlich sehr gut.

# Grammatik

## Dativ

### Dativ nach Artikeln + Possessivpronomen

|  | Ich fahre mit ... | Ich wohne in ... | Wann fährst du zu ... |
|---|---|---|---|
| (m) | de**m** Bus. | eine**m** Bungalow. | deine**m** Sohn? |
| (f) | de**r** U-Bahn. | eine**r** Wohnung. | deine**r** Tochter? |
| (nt) | de**m** Fahrrad. | eine**m** Haus. | deine**m** Kind? |

Plural:   Es gibt Probleme mit de**n** Züge**n**.
Er wohnt in de**n** Berge**n**.
Wann fährst du zu deine**n** Kinder**n**?

### Achtung!

1   Im Plural:
Nomen + **n**: die Züge → mit den Züge**n**
Aber kein extra **n**, wenn der Plural mit **n** oder **s** endet:
die Studenten → mit den Studenten
die Büros → in den Büros

2   Nicht vergessen:
in dem → im; zu dem → zum; zu der → zur; von dem → vom

## | Dativ-Endungen

Ergänzen Sie.

### i Singular

**a**   Er fährt meistens mit de**m** Bus.
**b**   Fährst du oft mit d____ U-Bahn?
**c**   Familie Ott wohnt in ein____ Einfamilienhaus.
**d**   Früher haben sie in ein____ Hochhaus gewohnt.
**e**   Tim lebt in ein____ Studentenwohnheim.
**f**   Er arbeitet am Wochenende in ein____ Café.
**g**   Susi möchte in ein____ Altbauwohnung leben.
**h**   Er lebt gern in sein____ neuen Wohnung.
**i**   Maria wohnt mit ihr____ Schwester zusammen.
**j**   Paul lebt mit sein____ Bruder.

### ii Plural

**a**   In de**n** Zimmer**n** im Studentenwohnheim gibt es Computer.
**b**   In d__ Seminare__ waren nicht so viele Leute.
**c**   Kai will mit d__ anderen Studente**n** für das Examen lernen.
**d**   Sonntag fahre ich zu mein__ Eltern.
**e**   In d__ Reihenhäuser__ wohnen viele Familien.
**f**   Herr Pauly wohnt jetzt mit sein__ zwei Töchter__ in München.
**g**   Morgen fährt Martin zu sein__ Geschwister__ nach Schottland.
**h**   Er hat am Samstag mit sein__ Freunde__ eine große Party gemacht.

## 2

Beantworten Sie die Fragen.

**a**   Wohnst du noch in deiner alten Wohnung? →
*Ja, ich wohne noch in meiner alten Wohnung.*
**b**   Arbeitest du noch gern in deinem Garten? →
*Ja, ich arbeite noch gern in meinem Garten.*

**c** Fährst du meistens mit deinem Auto zur Arbeit?

Ja, ich _____.

**d** Hast du gestern mit deiner Schwester telefoniert?

Ja, ich habe _____.

**e** Bist du mit deinem Bruder in den Urlaub gefahren?

Ja, ich _____.

**f** Fährst du am Wochenende noch oft zu deinen Eltern?

Ja, ich _____.

**g** Gehst du noch oft mit deinen Freunden ins Kino?

Ja, ich _____.

**h** Bist du gestern Abend mit deiner Freundin / deinem Freund ins Theater gegangen?

Ja, ich _____.

## Mehr Vokabeln

der Bungalow (-s)
die 1-Zimmer-Wohnung (-en)
die 3-Zimmer-Wohnung (-en)
die Neubauwohnung (-en)
das Penthouse (-s)
das Loft (-s)

# Abschnitt B

## Übungen

**I Was kann man wo machen?**

Verbinden Sie.

**A**
1 Wo kann man duschen?
2 Wo kocht man?
3 Wo steht das Auto?
4 Wo wohnen die Gäste?
5 Wo schlafen die Leute?
6 Wo schlafen die Kinder?
7 Wo sieht man fern, etc.?
8 Wo stehen die alten Sachen?
9 Wo kann man arbeiten?

**B**
a Im Keller.
b Im Kinderzimmer.
c Im Wohnzimmer.
d In der Garage.
e Im Badezimmer.
f In der Küche.
g Im Arbeitsraum.
h Im Gästezimmer.
i Im Schlafzimmer.

## 2 Welches Wort passt nicht?

**a** Die Wohnung ist: *groß, schön, ~~leicht~~, billig*

**b** Die Küche ist: *modern, schnell, alt, klein*

**c** Die Umgebung ist: *ruhig, grün, interessant, langsam*

**d** Das Zimmer ist: *hell, dunkel, spät, ruhig*

**e** Der Blick ist: *teuer, schön, wunderbar, gut*

**f** Der Garten ist: *grün, schwer, hell, groß*

**g** Die Möbel sind: *modern, altmodisch, kaputt, leise*

**h** Die Nebenkosten sind: *günstig, neu, teuer, hoch*

**i** Die Verkehrsverbindungen sind: *hell, schlecht, gut, super*

## 3 Puzzle – Thema: Wohnen

Finden Sie die Wörter im Puzzle. Wir haben 30 Wörter gefunden. Vielleicht finden Sie noch mehr?

| P | I | W | O | H | N | H | E | I | M | B | A | D | O |
|---|---|---|---|---|---|---|---|---|---|---|---|---|---|
| A | K | O | S | T | A | U | B | S | A | U | G | E | R |
| K | Ü | H | L | S | C | H | R | A | N | K | H | L | E |
| I | C | N | Z | E | N | T | R | U | M | P | O | M | C |
| N | H | U | R | U | H | I | G | R | O | F | C | I | H |
| D | E | N | B | L | I | C | K | E | H | L | H | K | N |
| E | I | G | E | L | D | K | L | I | N | A | H | R | U |
| R | S | A | T | E | B | E | O | H | M | N | A | O | N |
| Z | E | N | T | R | A | L | H | E | I | Z | U | N | G |
| I | S | T | I | E | L | L | H | N | E | E | S | E | A |
| M | S | S | S | G | K | E | E | H | T | H | E | L | R |
| M | E | O | C | A | O | R | L | A | E | W | E | I | T |
| E | L | F | H | L | N | F | L | U | R | D | L | E | E |
| R | I | A | R | B | E | I | T | S | R | A | U | M | N |

# Grammatik

## Das Geschlecht

**Tipp – 16 typische Endungen bei Nomen:**

| männlich | weiblich | sächlich |
|---|---|---|
| -er Computer | -e Lampe | -chen Mädchen |
| -ig Honig | -ei Bäckerei | -ment Instrument |
| -mus Materialismus | -ik Musik | -o Auto |
| -en Laden | -ion Lektion | -um Zentrum |
| | -schaft Mannschaft | |
| | -tät Universität | |
| | -ung Wohnung | |
| | -ur Natur | |

**Achtung! Es gibt Ausnahmen:**
Zum Beispiel: das Zimmer; die Nummer; der Name; der Käse;
das Stadion; der Moment; der Cappuccino

## 1 Wie heißen die Endungen?

Ergänzen Sie.

a  die Fleischer_ _       – die Bäcker_ _
b  das Muse_ _            – das Studi_ _
c  die Vorles_ _ _        – die Zeit_ _ _
d  der Kell_ _            – der Comput_ _
e  das Aut_               – das Kin_
f  die Mann_ _ _ _ _ _    – die Wohngemein_ _ _ _ _
g  die Informat_ _ _      – die Lekt_ _ _
h  die Flasch_            – die Frag_
i  der Hon_ _             – der Kön_ _
j  das Mäd_ _ _ _         – das Bröt_ _ _ _

## 2 Männlich, weiblich oder sächlich?

Ordnen Sie bitte zu.

Instrument – Umgebung – Museum – Idealismus – Vorlesung – Studio – Waschmaschine –
Hautcreme – ~~Fernseher~~ – Miete – Wagen – Würstchen – Küche – Vergangenheit – Tennisschläger
– Minute – Teller – Medikament – Keller – König – Pflanze – Foto – Kleidung – Büro – Prüfung –
Fleischerei – Zeitung – Kultur – Wohngemeinschaft – Touristeninformation – DVD-Rekorder –
Kino – ~~Brötchen~~ – Studium

**a** männlich:   *Fernseher,*_____

_____

_____

**b** weiblich   *Waschmaschine,* _____

_____

_____

**c** sächlich   *Brötchen,* _____

_____

_____

## 3 Der, die oder das?

Wie heißt der richtige Artikel?

**a** _____ Stadtzentrum ist sehr schön.

**b** Wohin kommt ___ Computer?

**c** ___ Auto ist in der Garage.

**d** Was kostet _____ Miete?

**e** Wo ist _____ Museum?

**f** _____ Prüfung ist morgen, nicht heute!

**g** _____ Büro ist im dritten Stock.

**h** Wo ist ___ Zeitung?

## Mehr Vokabeln

### Haushaltsgeräte

die Mikrowelle (-n)
die Waschmaschine (-n)
der Haarfön (-s)

der Kühlschrank (¨e)    der Staubsauger (-)

# Abschnitt C

## Übungen

### I Stadt oder Land?

Ordnen Sie zu.

> ~~Die Luft ist gut.~~ – Es ist multikulturell. – Man kann gut einkaufen. – Das kulturelle Angebot ist nicht so gut. – Die Leute haben Zeit und sind nicht so gestresst. – Das Nachtleben ist fantastisch. – Die Verkehrsverbindungen sind nicht so gut. – Es ist grün und es gibt viel Natur. – Es ist laut. – Es gibt wenig Stress. – Es gibt viele Museen und Kinos. – Es ist schmutzig. – Es ist ein bisschen langweilig. – Es ist sehr hektisch.

| **A Stadt** | **B Land** |
|---|---|
| | *Die Luft ist gut.* |
| _____ | _____ |
| _____ | _____ |
| _____ | _____ |
| _____ | _____ |
| _____ | _____ |
| _____ | _____ |
| _____ | _____ |

## 2 Wohnen Sie lieber auf dem Land oder in der Stadt?

Ergänzen Sie.

kulturelle – stressig – Kunst – studiert – in –
Leben – bin – besser – auf – gehabt – gelebt
– machen – wieder – dem – Leute – gern –
gearbeitet

**a**  Ich lebe gern **1**_____ der Stadt. Man
kann hier so viel **2**_____. Das
**3**_____ Angebot ist einfach fantastisch.
Ich liebe moderne **4**_____ und gehe
oft ins Museum. Auf **5**_____ Land finde
ich es zu langweilig. Das **6**_____ in der
Stadt ist einfach interessanter.

**b**  Ich habe früher in der Stadt **1**_____,
aber ich **2**_____ vor drei Jahren aufs
Land gezogen. Das Leben auf dem Land ist viel
ruhiger und die **3**_____ sind viel
freundlicher. Es ist sehr grün hier und die Luft
ist viel **4**_____ als in der Stadt. Ich lebe
**5**_____ hier.

**c**  Ich habe als Kind **1**_____ dem Land
gelebt. Das war toll. Wir haben Hunde und
Pferde **2**_____. Später habe ich
Informatik in Chicago **3**_____ und dann
mehrere Jahre in New York gelebt und dort
auch **4**_____. Jetzt lebe ich
**5**_____ auf dem Land. Es ist ruhig hier
und nicht so **6**_____.

## Grammatik

### Der Komparativ

**Formation: Adjektiv + *er***
| | |
|---|---|
| schnell | → schneller |
| interessant | → interessanter |

**Adjektive mit einer Silbe (*syllable*) haben meist einen Umlaut:**
| | |
|---|---|
| alt | → älter |
| groß | → größer |
| jung | → jünger |

**Achtung!**
| | |
|---|---|
| 1  Kein Umlaut: | bunt → bunter |
| 2  Vorsicht: | dunkel → dunkler |
| | hoch → höher |
| | teuer → teurer |
| 3  Unregelmäßige Formen: | gut → besser |
| | viel → mehr |
| | gern → lieber |

## I  Wie heißt die Komparativ?

**a**  alt → *älter*
**b**  altmodisch → _____
**c**  arm → _____
**d**  billig → _____
**e**  bunt → _____
**f**  früh → _____
**g**  hässlich → _____
**h**  hektisch → _____
**i**  interessant → _____
**j**  kalt → _____
**k**  langweilig → _____
**l**  langsam → _____
**m**  laut → _____
**n**  schlecht → _____
**o**  schwer → _____
**p**  stressig → _____
**q**  warm → _____
**r**  gut → _____
**s**  dunkel → _____
**t**  hoch → _____
**u**  teuer → _____

## **2** Was stimmt hier nicht?

Benutzen Sie die Wörter in der Box.

> ~~laut~~ – schnell – teuer – schlecht –
> interessant – hektisch – groß – wenig

**a**  In der Stadt ist es ruhiger als auf dem Land.
*Nein, in der Stadt ist es lauter als auf dem Land.*

**b**  In der Stadt ist die Luft besser als auf dem
Land.
Nein, in der Stadt _____.

**c**  In der Stadt ist es langweiliger als auf dem Land.
Nein, _____.

**d**  In der Stadt ist das Leben langsamer als auf
dem Land.
Nein, _____.

**e**  In der Stadt ist das kulturelle Angebot kleiner
als auf dem Land.
Nein, _____.

**f**  In der Stadt haben die Menschen mehr Zeit als
auf dem Land.
Nein, _____.

**g**  In der Stadt sind die Mieten meistens billiger als
auf dem Land.
Nein, _____.

**h**  In der Stadt ist das Leben entspannter als auf
dem Land.
Nein, _____.

## Mehr Vokabeln

> ### **Adjektive – Gegenteile**
>
> friedlich – aggressiv
> offen – verschlossen
> sauber – schmutzig
> entspannt – angespannt
>
> *die* multikulturelle *Gesellschaft* – in einer
> multikulturellen Gesellschaft gibt es
> Menschen unterschiedlicher Nationalitäten,
> Sprachen, Rassen, Religionen, etc.

# *Abschnitt D*

## Übungen

## **I** Welche Definition (B) passt zu welchem Wort (A)?

Verbinden Sie.

| **A** | **B** |
|---|---|
| **I**  das Einzelzimmer | **a**  dort meldet man sich an |
| **2**  das Doppelzimmer | **b**  dort kann man ein Meeting haben |
| **3**  die Rezeption | **c**  ein anderes Wort für Touristeninformation |
| **4**  die Innenstadt | **d**  dort kann man schlafen und auch kochen |
| **5**  das Appartement | **e**  dort kann man Sport treiben |
| **6**  der Tagungsraum | **f**  ein Zimmer für zwei Personen |
| **7**  die Tiefgarage | **g**  ein Zimmer für eine Person |
| **8**  der Fitnessbereich | **h**  ein anderes Wort für Zentrum |
| **9**  das Verkehrsamt | **i**  Taschen, Koffer etc. |
| **10** das Gepäck | **j**  dort kann man sein Auto parken |

## 2 Ferienwohnung in München

Melanie und Susi möchten eine Woche in München verbringen. Sie glauben, sie haben eine passende Wohnung gefunden.

**Hier ist ihre Wunschliste:**

1  Die Wohnung soll zwei Betten haben.
2  Sie möchten nicht im Wohnzimmer schlafen.
3  Sie möchten in der Stadtmitte wohnen.
4  Sie rauchen nicht.
5  Sie wollen nicht mehr als 250 Euro pro Person für eine Woche bezahlen.
6  Nach einem langen Tag in der Stadt möchten sie auf einem Balkon oder in einem Garten sitzen.
7  Eine Freundin möchte sie für eine Nacht besuchen.
8  Melanie und Susi wollen nicht kochen.
9  Sie möchten aber morgens Kaffee machen.

Schreiben Sie bitte die Nummern der verschiedenen Wünsche rechts neben die passenden Beschreibungen.

| | | |
|---|---|---|
| **a** | Neu renoviertes, modern und geschmackvoll möbliertes Appartement (ca. 28 m$^2$) mit Schlafzimmer, Wohnzimmer, Bad und Terrasse. | 2, 6 |
| **b** | Das Schlafzimmer hat direkten Zugang zum kleinen Garten mit eigener Terrasse und ist mit 2 Einzelbetten ausgestattet. | |
| **c** | Das Wohnzimmer bietet ein Sofa mit Schlaffunktion für eine weitere Person, TV, Stereoanlage, einen kleinen Tisch mit Stühlen und eine Ecke mit einem Kühlschrank, einer Mikrowelle und einer Kaffeemaschine. | |
| **d** | Leider gibt es keine Kochmöglichkeit! | |
| **e** | Dieses Zimmer ist ein Nichtraucherzimmer. | |
| **f** | Sehr zentrale Stadtlage. | |
| **g** | Zimmerpreis pro Woche bei 2 Personen insgesamt: 450,00 Euro. | |

# Grammatik

**Der Superlativ**

**Formation: *am* + Adjektiv + *(e)sten***

schnell          → *am* schnellsten
interessant   → *am* interessantesten

**Adjektive mit einer Silbe (*syllable*) haben meist einen Umlaut:**

|  | Komparativ | Superlativ |
|---|---|---|
| alt | → älter | → am ältesten |
| jung | → jünger | → am jüngsten |

**Achtung!**

| dunkel | → dunkler (!) | → am dunkelsten |
|---|---|---|
| hoch | → höher (!) | → am höchsten |
| teuer | → teurer (!) | → am teuersten |
| groß | → größer | → am größten (!) |
| gut | → besser | → am besten |
| viel | → mehr | → am meisten |
| gern | → lieber | → am liebsten |

# 1 Wie heißt es richtig?

Ergänzen Sie, bitte.

|   |              | **Komparativ** | **Superlativ**   |
|---|--------------|----------------|------------------|
| **a** | *billig*     | *billiger*     | *am billigsten*  |
| **b** | _____    | wärmer         | _____        |
| **c** | kalt         | _____      | _____        |
| **d** | lang         | _____      | _____        |
| **e** | interessant  | _____      | _____        |
| **f** | hektisch     | _____      | _____        |
| **g** | hoch         | _____      | _____        |
| **h** | teuer        | _____      | _____        |
| **i** | friedlich    | _____      | _____        |
| **j** | dunkel       | _____      | _____        |
| **k** | _____    | lieber         | _____        |
| **l** | gut          | _____      | _____        |

# 2 Rekorde

Bilden Sie den Komparativ and Superlativ.

**Beispiel**

*hoch*: das Matterhorn (4478 m), der Kilimandscharo (5893 m), der Mount Everest (8844 m) →
Der Kilimandscharo ist *höher* als das Matterhorn, aber der Mount Everest ist *am höchsten*.

**a** *lang*: der Amazonas (6788 km), der Nil (6671 km), der Rhein (1320 km)

**b** *alt*: Berlin (über 750 Jahre), Damaskus (über 6000 Jahre), Rom (über 3000 Jahre)

**c** *groß*: Deutschland (357 022 km$^2$), Kanada (9,97 Mio km$^2$), Russland (17 Mio km$^2$)

**d** *schnell*: der Gepard (120 km), der Hase (80 km), der Löwe (55 km)

**e** *teuer*: der BMW M6 (€113.000), der Ferrari F430 (€156.000), der Maserati GranSport (€109.000)

**f** *warm*: Berlin (28°C), Kairo (39°C), Neu Delhi (45°C)

**g** *kalt*: Fairbanks, USA (4°C), Sukkertoppen, Grönland (−2°C), Yellowknife, Kanada (−8°C)

**h** *billig*: der Opel Corsa (€10.500), der Toyota Aygo (€9.300), der Volkswagen Fox (€8.950)

# Mehr Vokabeln

**Hotel**

der Fitnessbereich (-e)
der Wellnessbereich (-e)
die Sauna (-s) / Saunen

ein Zimmer buchen → die Buchung (-en)
ein Zimmer reservieren → die Reservierung (-en)

# Und zum Schluss

 **1 Sprechen**

Ein Interview. Was antworten Sie?

**a** Wo wohnen Sie? (in einem Haus, in einer Wohnung, etc.)

**b** Wie viele Zimmer hat Ihre Wohnung / Ihr Haus?

**c** Haben Sie ein Gästezimmer?

**d** Wie sind Ihr(e) Zimmer? (groß, klein, hell, ruhig etc.) Beschreiben Sie Ihr(e) Zimmer.

**e** Haben Sie auch einen Garten? Wenn ja, ist Ihr Garten groß?

**f** Wohnen Sie mit Ihrem Partner / Ihrer Partnerin zusammen?

**g** Haben Sie moderne Möbel?

**h** Brauchen Sie noch ein paar Sachen für Ihre Wohnung / Ihr Haus? (zum Beispiel: Regale oder eine Mikrowelle?)

**i** Liegt Ihre Wohnung ruhig?

**j** Wie ist die Umgebung?

**k** Wie weit ist es bis zum nächsten Supermarkt?

**l** Wie lange brauchen Sie von Ihrer Wohnung in die Stadt?

**m** Wie lange wohnen Sie schon in Ihrer Wohnung / Ihrem Haus?

**n** Leben Sie gern in Ihrer Wohnung / Ihrem Haus?

**o** Wohnen Sie lieber in der Stadt oder auf dem Land? Warum?

**p** Was finden Sie ist besser in der Stadt?

**q** Was finden Sie ist besser auf dem Land?

 **2 Lesen**

Bevor Sie den Text lesen, machen Sie bitte erst Übung i.

**i Vokabel-Hilfe**

Wie heißen die Wörter auf Englisch? Ordnen Sie zu.

| A | B |
|---|---|
| **1** das Telefongespräch | **a** Value Added Tax (VAT) |
| **2** die Bestätigung | **b** minster, cathedral |
| **3** am heutigen Tag | **c** included |
| **4** das Münster | **d** hair-dryer |
| **5** enthalten | **e** confirmation |
| **6** die Mehrwertsteuer (MwSt) | **f** today |
| **7** Haartrockner | **g** to welcome |
| **8** begrüßen | **h** telephone call |

**ii**

Lesen Sie jetzt den Text und beantworten Sie dann die Fragen auf der Seite 94. Keine Panik – Sie brauchen nicht alles zu verstehen.

# Altstadt Hotel Freiburg

**Herzlich willkommen im Altstadt Hotel,
Ihrem Hotel im Herzen der Altstadt von Freiburg.**

Altstadt Hotel

HOTEL
RESTAURANT
WEINSTUBE

Freiburg, 26. Januar

**Buchungsbestätigung**

Sehr geehrter Herr Coggle,

herzlichen Dank für das nette Telefongespräch am heutigen Tag und Ihre freundliche Reservierung. Gern bestätigen wir Ihnen folgende Buchung in unserem Hotel am Münsterplatz:

**Anreise:** Dienstag, 14. April
**Abreise:** Freitag, 17. April

**Anzahl Zimmer:** 1 exclusives Doppelzimmer mit Blick auf das Freiburger Münster

**Tagespreis pro Zimmer & Nacht:** Euro 128,00

Im Preis enthalten ist unser Frühstücksbüffet, Service und die Mehrwertsteuer. Unsere Zimmer haben alle Bad oder Dusche/WC, Haartrockner, Direktwahl-Telefon, Kabel-TV und einen Zimmersafe.

In den meisten Zimmern ist ein Internetzugang möglich. Es kann jedoch in unseren historischen Gebäuden zur Instabilität der LAN-Verbindung kommen.

Sie sagten, dass Sie bereits gegen 13.00 Uhr anreisen werden. Da die Anreise erst ab 15.00 Uhr möglich ist, können Sie gerne Ihr Gepäck an der Rezeption deponieren.

Wir würden uns freuen, Sie und Ihre Frau auch in unserem Restaurant begrüßen zu dürfen. Sonntags hat das Restaurant leider geschlossen.

Wir wünschen Ihnen eine gute Anreise und freuen uns, Sie beide in unserem Hause begrüßen zu dürfen.

Mit freundlichen Grüßen aus Freiburg

ALTSTADT HOTEL

Barbara Grünfeld
Rezeption

Welche Aussage stimmt?

**a** Das Hotel liegt

**i** in der Nähe der Altstadt; **ii** direkt in der Mitte der Altstadt.

**b** Herr Coggle hat

**i** am 14. April; **ii** am 26. Januar mit der Rezeption telefoniert.

**c** Er hat

**i** für drei Nächte; **ii** für vier Nächte gebucht.

**d** Er hat

**i** ein Doppelzimmer; **ii** eine Suite gebucht.

**e** Das Zimmer kostet

**i** 128 Euro pro Nacht inklusive Frühstück; **ii** 128 Euro pro Nacht ohne Frühstück.

**f** Man hat

**i** in den meisten Zimmern; **ii** in einigen Zimmern Zugang zum Internet.

**g** Man kann das Gepäck

**i** am Hauptbahnhof aufgeben; **ii** an der Rezeption lassen.

**h** Das Hotel hat

**i** auch ein Restaurant; **ii** leider kein Restaurant.

# 10 | Ist Mode wichtig für Sie?

## Abschnitt A

### Übungen

**1** Welches Wort passt am besten?

> Modeverkäuferin – Leute – Typ – Ausdruck –
> Secondhandshops – Sachen – Modetrends –
> Neues – Outfit

**a** Mode ist ein wichtiger _____
unserer Zeit.

**b** Immer soll man etwas _____
kaufen.

**c** Ich kaufe viel in _____ ein.

**d** Ich bin ein sportlicher _____.

**e** Ein modernes _____ ist sehr
wichtig für mich.

**f** Ich trage gern bequeme _____.

**g** Mode zeigt, was _____ denken
und fühlen.

**h** _____ finde ich langweilig.

**i** Ich glaube, _____ ist ein
interessanter Beruf.

## 2 Argumente pro (✓) oder contra Mode (✗)?

**a** Modetrends finde ich langweilig. (✗)

**b** Die Leute wollen gut und schick aussehen –
das finde ich gut. (___)

**c** Ich kaufe gern neue Kleidung. (___)

**d** Mode finde ich uninteressant. Ich kaufe nur, was
ich mag. (___)

**e** Die Modeindustrie ist sehr wichtig. Dort
arbeiten viele Menschen. (___)

**f** Mode ist doch nur etwas für Leute mit viel
Geld. (___)

**g** Meine Frau kauft immer neue Kleidung für
mich. Mode und Shoppen mag ich nicht. (___)

**h** Mode finde ich super. Ich liebe den Stil von Jil
Sanders. (___)

## 3 Sagen Sie es anders

**Beispiel**
Ich trage gern etwas Bequemes. →
Ich trage gern bequeme Sachen.

**a** Ich trage gern etwas Sportliches.
Ich trage gern _____ Sachen.

**b** Er trägt gern etwas Schwarzes.
Er trägt gern _____.

**c** Ich trage nie etwas Langweiliges.
Ich trage nie _____.

**d** Ich trage gern etwas Modisches.
_____

**e** Ich trage gern etwas Elegantes.
_____

**f** Ich trage nie etwas Buntes.
_____

**g** Er trägt gern etwas Individuelles.
_____

# Grammatik

## Adjektive – Endungen (II) Nominativ

**Endungen im *Nominativ* mit *ein, eine, ein*:**

Er ist ein interessant**er** Mann. *(m)*
Sie ist eine interessant**e** Frau. *(f)*
Das ist ein modisch**es** Outfit. *(nt)*
Das sind schön**e** Sachen. *(pl)*

### Achtung!
1  Adjektivendungen mit männlichen Nomen:
   Nominative → er    Das ist ein gut**er** Film.
   Akkusativ → en    Sie sehen einen gut**en** Film.

2  Keine Endungen für *super* und *prima*:
   Sie sehen einen *super* Film.
   Das ist ein *prima* Buch.

## 1 Adjektivendungen

Üben Sie.

**Beispiele**
Das Hotel ist billig. →
Das ist ein billiges Hotel.

a  Die Wohnung ist ruhig.
   Das ist eine _____.

b  Der Garten ist groß.
   _____

c  Der Fernseher ist alt.
   _____

d  Das Zimmer ist klein.
   _____

e  Das Wochenende war toll.
   _____

f  Der Abend war schön.
   _____

g  Die Möbel sind altmodisch.
   _____

h  Die Leute waren sehr nett.
   _____

i  Die Idee ist gut.
   _____

j  Die Idee ist prima.
   _____

k  Die Party war super.
   _____

## 2 Ein Interview

Was denkt Karin Klauser?

**i** Ergänzen Sie die Adjektivendungen.

**Beispiel**
Wie finden Sie London? →
Ich finde, London ist eine interessante Stadt.

a  Wie finden Sie Madonna?
   Ich finde, Madonna ist eine gut__ Sängerin.

b  Wie finden Sie Justin Timberlake?
   Ich finde, Justin Timberlake ist ein talentiert__ Sänger.

c  Wie finden Sie *Metropolis*?
   Ich finde, *Metropolis* ist ein fantastisch__ Film.

d  Wie finden Sie Harry Potter?
   Ich finde, Harry Potter ist ein sehr interessant__ Buch.

e  Wie finden Sie Boxen?
   Ich finde, Boxen ist ein gefährlich__ Sport.

f  Wie finden Sie Fish und Chips?
   Ich finde, Fish und Chips ist ein lecker__ , aber auch ungesund__ Essen.

g  Wie finden Sie Deutsch?
   Ich finde, Deutsch ist eine schön__, aber auch kompliziert__ Sprache.

**ii** Und Sie? Wie finden Sie London, Madonna, Justin Timberlake etc.? Beantworten Sie nun die Fragen a–g und sagen Sie, was Sie denken.

# Mehr Vokabeln

**Mode**

der Modetrend (-s)
die Modeindustrie (-n)
die Modenschau (-en)
das Modegeschäft (-ë)
das Modemagazin (-e)

# Abschnitt B

## Übungen

### 1 Was ist das?

Ordnen Sie zu.

die Hose – die Jacke – das Hemd – der
Mantel – die Krawatte – der Rock – die
Schuhe – die Brille – der Anzug – der Schal –
die Handschuhe – die Mütze – die Stiefel

**a** _____

**b** _____

**c** _____

**d** _____

**e** _____

**f** _____

**g** _____

**h** _____

**i** _____

**j** *die Stiefel*

**k** _____

**l** _____

**m** _____

### 2 Singular – Plural

Wissen Sie noch, wie die Pluralfomen heißen?

**i Männliche Nomen: oft -e oder ¨e**

**a** der Schuh → _____
**b** der Hut → *die Hüte*
**c** der Anzug → _____
**d** der Rock → _____
**e** der Strumpf → _____

**ii** Weibliche Nomen oft: -n oder -en

**a** die Bluse      → _____

**b** die Hose       → _____

**c** die Jacke      → _____

**d** die Krawatte → _____

**e** die Mütze      → _____

**iii** Sächliche Nomen: oft -e oder -̈er

**a** das Kleid      → _____

**b** das Hemd      → *aber: die Hemden*

**iv** Ausländische Wörter: oft -s:

**a** das T-Shirt   → _____

**b** das Outfit     → _____

**v** Wörter mit -r und -el: oft – oder -̈:

**a** der Pullover → *die Pullover*

**b** der Stiefel     → _____

**c** der Gürtel     → _____

**d** der Mantel    → _____

## 3 Was tragen Sie gern?

Lesen Sie, was die Leute gern tragen und was sie nicht gern tragen. Beantworten Sie dann die Fragen.

---

**Karin de Brie, 29, Designerin**

Mode ist sehr wichtig für mich. Ich trage gern Schuhe von Zara, Sonnenbrillen von Marc Jacobs, Pullover von Topshop und Jeans von Acne. Außerdem liebe ich Handtaschen, am liebsten von Gucci.

Wenn ich ausgehe, ziehe ich mich gern schick an. Zu Hause trage ich gern Jeans und Pullover. Eigentlich trage ich alles gern, was modisch ist. Ich mag aber keine dunklen Sachen.

---

**Sonja Schustermann, 22, studiert BWL**

Im Moment bin ich Studentin. An der Uni trage ich normalerweise eine Jeans und ein T-Shirt. Im Winter trage ich meistens eine Jeans und einen warmen Pullover.

Am Wochenende arbeite ich in einem Restaurant. Dann trage ich eine weiße Bluse mit einem schwarzen Rock und eleganten Schuhen. Blusen und Röcke trage ich aber eigentlich nicht so gern. Am liebsten trage ich bequeme Sachen.

---

Richtig oder falsch? Korrigieren Sie die falschen Aussagen.

**Beispiel**

Karin trägt gern Schuhe von Topshop. →
Falsch. Sie trägt gern Schuhe von Zara.

**a** Karin liebt Handtaschen.

**b** Zu Hause trägt sie nicht gern Jeans und Pullover.

**c** Sie trägt gern alles, was dunkel ist.

**d** An der Uni trägt Sonja Schustermann normalerweise Jeans und ein T-Shirt.

**e** Bei der Arbeit muss sie einen schwarzen Rock mit einer schwarzen Bluse tragen.

**f** Sie zieht sehr gern Blusen und Röcke an.

**g** Am liebsten trägt Sonja bequeme Sachen.

# Grammatik

> ## Adjektive – Endungen
>
> **Endungen im *Dativ* mit *einem, einer, einem*:**
>
> Susanne trägt eine weiße Bluse mit ...
>        einem *schwarz***en** Mantel. *(m)*
>        einer *rot***en** Hose. *(f)*
>        einem *elegant***en** Hemd. *(nt)*
>        – *schwarz***en** Schuhen. *(pl)*
>
> **Achtung!**
> 1 Alle Adjektivendungen im Dativ: → ***en***
>
> 2 Keine Endungen für *super* und *prima*
>
> 3 Im Dativ-Plural: die meisten Nomen
> brauchen ein extra *-n*:
> Er trägt ein Hemd mit schwarz**en** Schuh**en**.

## 1 Was tragen die Leute?

Ergänzen Sie die Endungen im Dativ.

**a** Carsten trägt eine Hose mit einem weiß__
Hemd.

**b** Dazu trägt er eine Jacke mit einer grau__
Krawatte.

**c** Nele hat eine blaue Bluse mit einer schwarz__
Jeans an.

**d** Alfons trägt einen Hut mit einer dunkl__
Lederhose.

**e** Gaby trägt gern eine Jacke mit einem
modisch__ T-Shirt.

**f** Nadine trägt gern eine Jacke mit einer hell__
Bluse.

**g** Dazu trägt sie gern eine Jeans mit schwarz__
Schuhen.

## 2 Mehr Adjektivendungen

Ergänzen Sie die Endungen im Akkusativ und
Dativ. Für Endungen im Akkusativ, sehen Sie
bitte Lektion 8, Seite 74.

**a** Zu Hause trägt Dieter Schulz gern eine alte
Jeans mit einem alt**en** Hemd und bequem**en**
Schuhen.

**b** Bei der Arbeit trägt er ein__ blau__ Anzug mit
ein__ rot__ Krawatte und schwarz__ Schuhen.

**c** In der Schule trägt Moni eine Jeans mit ein__
modisch__ T-Shirt und schick__ Puma-Schuhen.

**d** Bei der Arbeit trägt Carolina ein__ elegant__
Bluse mit ein__ schön__ Rock und elegant__
Schuhen.

**e** Im Winter trägt Florbella meistens ein__ dick__
Mantel mit ein__ warm__ Pullover und
warm__ Stiefeln.

**f** Im Sommer trägt sie lieber ein schön__ Kleid
mit leicht__ Sommerschuhen.

**g** Tom trägt am liebsten Streetwear. Meistens
trägt er ein__ schick__ Jeans aus New York mit
ein__ modisch__ Diesel-Sweatshirt und
modisch__ Puma-Schuhen.

## 3 Und was tragen Sie?

Schreiben Sie, was Sie

**a** bei der Arbeit/an der Uni

**b** zu Hause

**c** im Winter

**d** im Sommer
     tragen.

Schreiben Sie auch, was Sie

**e** gern tragen und

**f** nicht gern tragen.

## Mehr Vokabeln

> **Kleidung**
>
> der Schal (-s)
> der Handschuh (-e)
> der Stiefel (-)
> das Dirndlkleid (-er)
>
> das Leder + die Jacke → die Lederjacke (-n)
> die Wolle + der Pullover → der Wollpullover (-)
> die Seide + das Hemd → das Seidenhemd (-en)
> der Tanz + der Schuh → der Tanzschuh (-e)

# Abschnitt C

## Übungen

### 1 Wie heißen die Wörter?

Bitte ordnen Sie zu.

> eine Hochzeit – eine Grillparty – eine Geburtstagsfeier – Silvester – eine Hauseinweihungsfeier – Weihnachten – eine Bad-Taste-Party – eine Studentenparty

**a** Hier ziehen sich Leute sehr schlecht an: *eine Bad-Taste-Party*

**b** Eine Person wird zum Beispiel 50 Jahre alt:

**c** Diese Party findet an einer Universität statt:

**d** Wenn zwei Personen heiraten:

**e** Findet meistens im Sommer im Garten statt:

**f** Dieses Fest feiert man am 24., 25. und 26. Dezember:

**g** Hier gibt es meistens Sekt, Musik, etc. (31. Dezember):

**h** Leute ziehen in eine neue Wohnung ein:

### 2 Wohin gehen diese Leute?

Lesen Sie, was die Leute tragen und entscheiden Sie dann, wohin sie gehen.

**Die Leute gehen:**

| | |
|---|---|
| **1** zu einem Tango-Tanzabend | |
| **2** auf eine Grillparty | |
| **3** auf eine Hippie-Hochzeit | *a,* |
| **4** zu einem „Bayernabend" | |
| **5** auf eine Hochzeit in der Kirche | |

Der Mann trägt:

**a** lange Haare, ein langes, buntes Hemd mit einer alten Jeans, einer Halskette und Sandalen.
**b** dunkelblaue Shorts, Adidas-Sportschuhe, ein Bayern-München-Fußballhemd und eine Sonnenbrille.
**c** eine kurze Lederhose, lange Wollsocken, eine braune Wolljacke im traditionellen Stil, einen Hut mit Feder.
**d** einen dunklen Anzug mit einer silbergrauen Krawatte und mit einem weißen Hemd.
**e** einen weißen Anzug, schwarze Lederschuhe und einen schwarzen argentinischen Gaucho-Hut.

Die Frau trägt:
**f** weiße Shorts, grüne Schuhe, ein grünes T-Shirt und eine Sonnenbrille.
**g** ein rotes Kleid aus Seide, lange silberne Ohrringe, schwarze Tanzschuhe.

**h** ein violettes Maxikleid, Blumen in den Haaren, eine lange Halskette aus Glasperlen und keine Schuhe.

**i** ein Dirndlkleid mit einer weißen Bluse, weißen Strümpfen und schwarzen Schuhen.

**j** ein elegantes Kleid, eine rosarote Jacke, einen roten Hut und elegante Schuhe.

## 3 Wortspiel – Geschenke

**i** Wie viele Geschenke können Sie finden? Wir haben 16 Geschenke gefunden.

| S | C | H | S | C | H | A | L | L | K |
|---|---|---|---|---|---|---|---|---|---|
| C | H | A | M | P | A | G | N | E | R |
| H | U | N | D | A | B | I | L | D | A |
| I | H | D | E | R | P | A | A | E | W |
| R | R | S | M | F | F | M | C | R | A |
| M | P | C | D | Ü | L | E | K | J | T |
| A | U | H | A | M | A | R | E | A | T |
| B | L | U | M | E | N | A | N | C | E |
| A | L | H | U | T | Z | S | E | K | T |
| M | I | E | C | R | E | M | E | E | R |

**ii** Sind die Nomen *männlich, weiblich, sächlich* oder stehen sie im *Plural*? Ordnen Sie zu.

| männlich | weiblich | sächlich | Plural |
|----------|----------|----------|--------|
| Schal | | | |
| | | | |
| | | | |
| | | | |
| | | | |

## Grammatik

### Indirektes Objekt

### Das indirekte Objekt steht im *Dativ*:

Er schenkt *dem Mann* einen Krimi. *(m)*
Sie kauft *der Tochter* ein T-Shirt. *(f)*
Sie kaufen *dem Kind* ein Eis. *(nt)*
Sie schenken *den Leuten* eine DVD. *(pl)*

### Pronomen:

| er → ihm | Er schenkt *ihm* einen Krimi. *(m)* |
| sie → ihr | Sie kauft *ihr* ein T-Shirt. *(f)* |
| es → ihm | Sie kaufen *ihm* ein Eis. *(nt)* |
| sie → ihnen | Sie schenken *ihnen* eine DVD. *(pl)* |

### Achtung!

Das *indirekte Objekt* (Dativ) steht meistens <u>vor</u> dem *direkten Objekt* (Akkusativ):

|  | (Indirekt/Dativ) | (Direkt/*Akkusativ*) |
|---|---|---|
| Wir kaufen | *den Kindern* | ein Eis. |
| Wir kaufen | *ihnen* | ein Eis. |

## 1 Was kann man den Leuten schenken?

Wählen Sie für jede Person (a–g) ein Geschenk aus der Box. Benutzen Sie die Pronomen *ihm, ihr, ihnen*.

ein Abonnement für die Oper – eine Schachtel Pralinen – einen Besuch in einem Wellnesscenter – eine Espressomaschine – zehn rote Rosen – einen Kurztrip nach Paris – ein Fußballtrikot von Manchester United

**Beispiel**
Marco findet Mode wichtig, trägt gern Anzüge. →
Man kann ihm eine Krawatte von Hugo Boss schenken.

**a** Marion mag Blumen, ist sehr romantisch.
Man kann *ihr*

_____

**b** Hans ist ein großer Fußball-Fan, mag englischen Fußball.

Man kann

_____

**c** Cornelia liebt Wagner und Mozart.

_____

**d** Stefan und Dagmar reisen gern, mögen beide große Städte.

_____

**e** Robin isst gern Süßigkeiten.

_____

**f** Annett ist sehr gestresst, bei der Arbeit gibt es viel zu tun.

_____

**g** Kathrin und Jörg haben eine neue Wohnung, sie trinken beide gern Kaffee.

_____

## 2 Wie heißt es richtig?

Ordnen Sie die folgenden Sätze. Beginnen Sie mit dem Wort, das unterstrichen ist.

**Beispiel**
der Frau / bringt / <u>Sie</u> / Blumen mit. →
Sie bringt der Frau Blumen mit.

**a** seiner Mutter / schenkt / eine CD / <u>Peter</u>

**b** geschenkt / <u>Sie</u> / eine Flasche Champager / ihren Freunden / haben

**c** eine Wohnung / haben / gekauft /unserem Sohn / <u>Wir</u>

**d** ein Geschenk / <u>Hast</u> / zum Geburtstag / gekauft? / du / deiner Mutter

**e** unserer Tochter / haben / <u>Wir</u> / geschenkt / ein Auto

**f** haben / eine schöne Lampe / <u>Fabian und Karin</u> / geschenkt / wir

**g** Postkarten aus dem Urlaub / geschickt? / du / deinen Kindern / <u>Hast</u>

**h** ein wunderbares Essen / bezahlt /mir / <u>Mein Großvater</u> / hat / in einem teuren Restaurant

## Mehr Vokabeln

**Mehr Feiern**

der Muttertag (-e)
der Vatertag (-e)
die Konfirmation (-en)
die Erstkommunion (-en)
die Silberne Hochzeit (-en)
die Goldene Hochzeit (-en)

# *Abschnitt D*

## Übungen

## 1 Was gibt es alles im Kaufhaus?

Bitte ordnen Sie zu.

die Beauty Lounge – Young Fashion – die Umkleidekabine – ~~die Kasse~~ – die Lebensmittelabteilung – der Ticketshop – der/die Verkäufer/in – die Damenabteilung – der Geldautomat – die Herrenabteilung

**a** Dort kann man bezahlen:
*die Kasse*

**b** Er/Sie kann Kunden etwas empfehlen:

_____

**c** Hier kann man T-Shirts, Blusen, Hosen, etc. anziehen:

_____

**d** Hier findet man Kleidung für Frauen:

_____

**e** Hier gibt es zum Beispiel Gesichtsmassagen:

_____

**f** Hier kann man mit seiner Karte Geld bekommen:

_____

**g** Hier kann man zum Beispiel Karten für ein Konzert kaufen:

_____

**h** Hier gibt es Kleidung für jüngere Leute:

_____

**i** Hier bekommt man Kleidung für Männer:

_____

**j** Hier bekommt man Brot, Obst, Käse etc.:

_____

## 2 Ich suche ein Buch

Ergänzen Sie bitte den Dialog.

> meinen – gelesen – Krimis – nehme –
> empfehlen (x2) – beliebt – ~~helfen~~ –
> spannender – kostet – deutschen – liest

| | |
|---|---|
| **Verkäufer** | Guten Tag. Kann ich Ihnen **1** _helfen_? |
| **Leonie** | Guten Tag. Ich suche ein Buch für **2**_____ Freund. |
| **Verkäufer** | Ja, was für Bücher **3**_____ er gern? |
| **Leonie** | Er liest sehr gern **4**_____. Können Sie mir etwas **5**_____? |
| **Verkäufer** | Die Wallander-Krimis von Henning Mankell sind natürlich sehr **6**_____. |
| **Leonie** | Ach, nein. Er hat schon alle Krimis von Henning Mankell **7**_____. |
| **Verkäufer** | Oder vielleicht möchten Sie ein Buch von einem **8**_____ Schriftsteller? |
| **Leonie** | Gute Idee! Können Sie bitte einen deutschen Krimi **9**_____? |
| **Verkäufer** | Ja, gerne. Hier habe ich _Schwarzes Fieber_ von Wolfgang Burger. Das ist ein sehr **10**_____ Krimi. |
| **Leonie** | Wunderbar. Was **11**_____ er denn? |
| **Verkäufer** | 12,99 als Taschenbuch. |
| **Leonie** | Gut, dann **12**_____ ich das Buch. Vielen Dank für die Empfehlung. |

## Grammatik

> ### Der Dativ
> #### Alle Pronomen im Dativ:
>
> ich → mir      wir → uns
> du → dir       ihr → euch
> Sie → Ihnen    Sie → Ihnen
> er/es → ihm    sie → ihnen
> sie → ihr
>
> #### Nicht vergessen! Man braucht den Dativ:
>
> 1 Mit _Präpositionen_ (zum Beispiel **mit, von, zu**; manchmal **in, auf**, etc.*)
> 2 Für das _indirekte Objekt_
> 3 Mit bestimmten Konstruktionen und _Verben_ (zum Beispiel **helfen, gefallen**).
>
> * Siehe Lektion 7, Abschnitt C, _Grammatik_, Seite 64.)

### 1 _Dir, euch, Ihnen_ etc.?

Beantworten Sie die Fragen.

**Beispiel**
Wie geht es dir? →
Danke, _mir_ geht es prima.

**a** Wie geht es Marion?
_____ geht es ausgezeichnet.
**b** Wie geht es euch?
Danke, _____ geht es gut.
**c** Gefällt dir Berlin?
Ja, Berlin gefällt _____ gut.
**d** Gefällt euch London?
Ja, London gefällt _____ gut.
**e** Gefällt Peter sein neuer Job?
Nein, sein neuer Job gefällt _____ nicht.
**f** Gefällt Maria und Tim die neue Wohnung?
Ja, die neue Wohnung gefällt _____ gut.
**g** Können Sie mir eine CD empfehlen?
Ja, natürlich kann ich _____ eine CD empfehlen.

**h** Kannst du mir helfen?

Ja, natürlich kann ich _____ helfen.

**i** Könnt ihr uns helfen?

Na klar, wir helfen _____ gern.

## Mehr Vokabeln

### Mehr Verben mit dem Dativ

| | |
|---|---|
| antworten | Er hat *uns* nicht geantwortet. |
| danken | Ich danke *dir* für das nette Geschenk. |
| folgen | Ich folge dem Auto. |
| gehören | Dieses Buch gehört *mir* nicht. |

# Und zum Schluss

 **I** Sprechen

Ein Interview. Was sagen Sie?

**a** Wie geht es Ihnen?

**b** Ist Mode wichtig für Sie?

**c** Was ziehen Sie normalerweise bei der Arbeit / an der Uni an?

**d** Was tragen Sie zu Hause?

**e** Was tragen Sie gern?

**f** Was tragen Sie nicht gern?

**g** Sie gehen auf eine Grillparty. Was ziehen Sie an?

**h** Sie gehen auf eine Hochzeit. Was tragen Sie?

**i** Ihr Freund Robert hat Geburtstag. Er hört gern klassische Musik und kocht gern. Was bringen Sie ihm mit?

**j** Ihre Freundin Claudia hat Geburtstag. Sie liebt Südamerika. Was bringen Sie ihr mit?

**k** Ihre neuen Nachbarn Elvira und Egbert machen eine Hauseinweihungsparty. Was bringen Sie ihnen mit?

**l** Wie finden Sie eigentlich Fish und Chips?

**m** Und wie finden Sie Madonna?

**n** Gefällt Ihnen Ihre Arbeit / Ihr Studium?

**o** Gefällt Ihnen die deutsche Sprache?

**p** Eine Freundin, Miriam, möchte ein interessantes Buch lesen. Können Sie ihr ein Buch empfehlen?

## 2 Lesen

*Pro und Contra – Hochzeit ganz in Weiß?*

---

 ### Susanne V. (31):
### Alte Traditionen sind gut

Bei meiner Hochzeit vor drei Jahren habe ich ein ganz traditionelles weißes Brautkleid getragen. In meinem Outfit habe ich mich wie eine Prinzessin gefühlt und viele Komplimente bekommen.

Weiß ist ja die Farbe der Hochzeit. Warum soll man den alten Traditionen nicht folgen? Mit einem bunten Kleid sieht die Braut nur wie die anderen weiblichen Hochzeitsgäste aus – obwohl sie ja die Hauptperson ist.

In Weiß haben schon meine Mutter, meine Oma und meine Urgroßmutter geheiratet. Das ist für mich und auch für viele andere Bräute eine Familientradition. Viele sagen, dass ihnen Weiß zu hart wäre. Dabei gibt es doch viele Nuancen dieser Farbe – von Creme bis Champagner.

Wenn ich mir heute meine Hochzeitsfotos anschaue, bin ich froh, dass ich ein weißes Kleid getragen habe. Sicherlich ist es ein kleiner Luxus, für einen einzigen Tag ein so extravagantes und teures Kleid zu kaufen. Auf der anderen Seite war es für mich ein unvergesslicher Tag.

---

 ### Emma W. (25):
### Erlaubt ist, was gefällt

Im Juni habe ich in einem roten Brautkleid geheiratet. Ich denke, dass eine Braut an ihrem Hochzeitstag das Recht hat, das zu tragen, was sie auch will.

Schon als kleines Mädchen wusste ich, dass Weiß nicht die Farbe ist, in der ich heiraten möchte. An ihrem Hochzeitstag sollte eine Braut sich wohl fühlen und ein Kleid tragen, das zu ihrem Typ passt. Symbolisch gesehen, finde ich Rot – die Farbe der Liebe – viel passender. In meinem dunkelroten Kleid habe ich mich auch sehr schick gefühlt.

Das war nicht nur mein persönlicher Geschmack. Weiße Brautkleider sind auch sehr unpraktisch. Man trägt sie meist nur einen einzigen Tag und dann nie wieder. Dafür gibt man sehr viel Geld aus. Ein andersfarbiges Kleid dagegen kann ich auch noch zu anderen Gelegenheiten anziehen.

Ich habe übrigens nichts gegen weiße Hochzeiten. Es gibt sicherlich Frauen, die toll in einem solchen Outfit aussehen. Daher sollte jede tragen, was für sie das Richtige ist.

---

## Wer denkt was?

Lesen Sie die Aussagen und schreiben Sie dann **S** (Susanne), **E** (Emma) oder **K** (Keine von beiden).

**a** An ihrem Hochzeitstag darf eine Braut das tragen, was sie will. **E**

**b** Weiß ist die richtige Farbe für eine Hochzeit.

**c** Die Braut ist die wichtigste Person an ihrem Hochzeitstag und sollte anders aussehen als die anderen Gäste.

**d** Eine Braut sollte ein Kleid tragen, das ihr gut steht.

**e** Rot als Farbe der Liebe ist eine gute Farbe für eine Hochzeit.

**f** Alle Frauen wissen schon als kleines Mädchen, dass sie in einem weißen Brautkleid heiraten möchten.

**g** Viele Frauen wollen der Familientradition folgen und in einem weißen Brautkleid heiraten.

**h** Weiß gibt es in vielen Nuancen.

**i** Weiße Brautkleider sind nicht sehr praktisch.

**j** Alle Frauen sehen in einem weißen Brautkleid toll aus.

# Urlaub, Wetter und Gesundheit

## Abschnitt A

### Übungen

#### 1 Was für ein Urlaub ist das?

Ordnen Sie bitte zu.

> Wellnessurlaub – All-Inclusive-Urlaub –
> Kurzurlaub – Abenteuerurlaub –
> Erholungsurlaub – Skiurlaub – Aktivurlaub –
> ~~Strandurlaub~~ – Kultururlaub – Städtereise

**a** Ein Urlaub am Meer:

ein *Strandurlaub*.

**b** Man besucht zum Beispiel Paris oder Rom:

eine _____.

**c** Alles ist bezahlt, auch Essen und Trinken:

ein _____.

**d** Man bekommt zum Beispiel Aromamassagen,
macht Joga etc.:

ein _____.

**e** Man macht gefährliche Sachen, zum Beispiel
eine Safari:

ein _____.

**f** Ein Urlaub im Winter in den Bergen:

ein _____.

**g** Man macht sehr viel Sport:

ein _____.

**h** Man macht nicht viel, will relaxen:

ein _____.

**i** Man bleibt nicht lange, oft nur ein paar Tage:

ein _____.

**j** Man lernt viel über ein Land, eine Stadt etc.:

ein _____.

#### 2 War der Urlaub gut (✓) oder schlecht (✗)?

**a** Das Wetter war eine Katastrophe. (✗)

**b** Nach dem Urlaub habe ich mich total fit
gefühlt. (__)

**c** Die Pisten waren fantastisch. (__)

**d** Man konnte auch richtiges deutsches Bier
kaufen. Das war super. (__)

**e** Der Strand war schmutzig und das Wasser zu
kalt. (__)

**f** Das Hotel war zu teuer und die Leute waren
unfreundlich. (__)

**g** Wir hatten tolles Wetter und haben viele
interessante Sachen gemacht. (__)

#### 3 Ein typischer Urlaubstag für Tina

Schreiben Sie, was Tina gemacht hat. Benutzen
Sie das Perfekt.

**a** Ich *bin* um 9 Uhr *aufgestanden*. (aufstehen)

**b** Danach *bin* ich zum Strand _____.
(gehen)

**c** Zuerst _____ ich im Meer _____.
(schwimmen)

**d** Dann _____ ich lange in der Sonne
_____. (liegen)

**e** Ich _____ mich sehr gut _____.
(fühlen)

**f** Am Nachmittag _____ wir einen Ausflug
_____. (machen)

**g** Wir _____ ein Museum _____.
(besuchen)

**h** Die Ausstellung _____ mir gut
_____. (gefallen)

**i** Abends _____ ich auf eine Party
_____. (gehen)

**j** Ich _____ viele Cocktails _____.
(trinken)

**k** Um 3 Uhr _____ ich _____.
(schlafen)

Wollen Sie das Perfekt wiederholen? Sehen Sie Lektion 8, Seite 77, *Wichtige irreguläre Verben.*

# Grammatik

## Präpositionen

### Präpositionen mit Städten, Ländern etc:

Ich fahre *nach* Berlin. aber → Ich bin *in* Berlin.
Ich fahre *nach* Polen. Ich bin *in* Polen.
Ich fahre *nach* Mallorca. Ich bin *auf* Mallorca.
Ich fahre *aufs* Land. Ich bin *auf dem* Land.
Ich fahre *in die* Berge. Ich bin *in den* Bergen.
Ich fahre *ans* Meer. Ich bin *am* Meer.

### Achtung!

1 Länder mit Artikel:
Ich fahre *in die* Schweiz, *in die* USA. (Akkusativ)
Ich bin *in der* Schweiz, *in den* USA. (Dativ)

2 Ausnahme! nach Hause – zu Hause
Ich gehe *nach* Hause.
Ich bin *zu* Hause.

Sehen Sie bitte Lektion 7, Seite 62, für *in/auf/an* + Akkusativ oder Dativ.

## Wie heißt es richtig?

Ergänzen Sie.

**a** Carola läuft gern Ski. Sie fährt *in die* Berge.

**b** Susi und Michaela machen eine Reise _____ Paris.

**c** Am Wochenende fährt Herr Schmücke oft _____ Land.

**d** Letztes Jahr haben sie einen Urlaub _____ Bergen gemacht.

**e** Dieses Jahr fahren sie _____ Meer.

**f** Nach der Arbeit geht Simone gleich _____ Hause.

**g** Bist du heute Abend _____ Hause?

**h** Fahrt ihr dieses Jahr _____ USA?

**i** Bist du schon einmal _____ Paris gewesen?

**j** Sebastian hat ein schönes Haus _____ Mallorca.

## 2 Eine Postkarte

Was fehlt? Ergänzen Sie.

freundlich – ans – nach – nach – kalt – Stadt – in – in – in die – gefallen

Edinburg, 18. August

Hallo Lena,

Ich mache dieses Jahr Urlaub **1**_____ Schottland. Ich bin jetzt **2**_____ Edinburg. Es ist eine fantastische **3**_____.

Mir **4**_____ besonders die Museen und Kneipen hier. Und natürlich die Leute – die Schotten – sind sehr **5**_____.

Gestern habe ich einen Ausflug **6**_____ Meer gemacht. Das Wasser war sehr **7**_____, aber die Landschaft ist einfach toll.

Morgen will ich **8**_____ Berge fahren und die Highlands sehen. Danach fahre ich noch ein paar Tage **9**_____ Glasgow.

Am 27. August fliege ich **10**_____ Düsseldorf zurück.

Viele Grüße

dein Frank

## Mehr Vokabeln

**Mehr Urlaube**

die Kreuzfahrt (-en) (Schiffreise)
der Zelturlaub (-e) / Campingurlaub (-e)
der Fahrradurlaub (-e)
der Urlaub auf dem Bauernhof

# Abschnitt B

## Übungen

## 1 Wie heißen die Jahreszeiten?

**a** März, April, Mai: der Fr_ _ l _ _ g
**b** Juni, Juli, August: der S _ m _ er
**c** September, Oktober, November: der H _ _ _ st
**d** Dezember, Januar, Februar: der _ i n _ _ _

## 2 Welcher Satz (a–i) passt zu welchem Symbol (1–9)?

**1** *Die Sonne scheint.*

**2** _____

**3** _____

**4** _____

**5** _____

**6** _____

**7** _____

**8** _____

**9** _____.

**a** Es schneit.
**b** Es regnet.
**c** Es gibt leichte Schauer.
**d** Es ist windig.
**e** ~~Die Sonne scheint.~~

**f** Es ist neblig.
**g** Es ist bewölkt.
**h** Es ist teilweise bewölkt.
**i** Es gibt Gewitter.

# Grammatik

## Himmelsrichtungen – *Norden, Süden, Westen, Osten*

**1** Man sagt:
in Norddeutschland      in Westdeutschland
in Süddeutschland        in Ostdeutschland

Es gibt auch:
in Nordwestdeutschland, in Nordostdeutschland, in Südwestdeutschland, in Südostdeutschland.

**2** Aber:
im Nord*en*         im West*en*
im Süd*en*          im Ost*en*

Es gibt auch: im Nordwest*en*, im Nordost*en*, im Südwest*en*, im Südost*en* von Deutschland.

**Beispiele**
*In Norddeutschland scheint die Sonne.*
*Im Norden von Deutschland scheint die Sonne.*
*In Südostdeutschland regnet es.*
*Im Südosten (von Deutschland) regnet es.*

## 1 Sagen Sie es anders!

**Beispiel**
In Süddeutschland ist es windig. →
Im Süden von Deutschland ist es windig.

**a** In Westdeutschland ist es neblig.
Im _____.

**b** In Ostdeutschland scheint die Sonne.

_____.

**c** In Norddeutschland beträgt die Tagestemperatur 24 Grad.

_____.

**d** In Nordwestdeutschland gibt es Gewitter.

_____.

**e** In Südwestdeutschland hat es gestern geschneit.

_____.

**f** In Nordspanien hat es Gewitter gegeben.

_____.

**g** In Südfrankreich sind es heute 35 Grad.

_____

## Mehr Vokabeln

**Wetter**

die Höchsttemperatur (-en)
die Tiefsttemperatur (-en)

der Niederschlag (¨e) – Es gibt Regen oder
Schnee.

Es ist bedeckt. – Es ist stark bewölkt.
Es ist heiter. – Die Sonne scheint und es gibt
keinen Regen.

# Abschnitt C

## Übungen

### 1 Wie heißen die Sportarten?

Ordnen Sie zu.

Fahrradfahren – Surfen – Segeln –
Paragleiten – Bergsteigen – ~~Kanu und Kajak~~
– Tauchen – Kampfsportarten –
Motorradfahren – Reiten – Golf – Wandern

 **a** *Kanu und Kajak*

 **b** _____

 **c** _____

 **d** _____

 **e** _____

 **f** _____

 **g** _____

 **h** _____

 **i** _____

 **j** _____

 **k** _____

 **l** _____

### 2 Leben Sie gesund? Machen Sie genug Sport?

Ergänzen Sie, was die Leute sagen.

Bioladen – gesund – Freundin – Segeln –
mache – fit – Urlaub – Außerdem – Gemüse
– Tee – hole – arbeiten – aktiv –
Kampfsportarten – wichtig – Sauna

**i Martina Antowic, 19, BWL-Studentin**
Gesundheit ist sehr **1**_____ für
mich. Ich **2**_____ Jiu-Jitsu und gehe
dreimal pro Woche zum Training.
**3**_____ wie Jiu-Jitsu oder
Taekwondo finde ich gut. Außerdem jogge ich
regelmäßig mit einer **4**_____. Ich
denke, dass ich sehr **5**_____ bin.
**6**_____ ernähre ich mich sehr gut.

Ich esse sehr viel Obst, **7**_____ und
Salat und kaufe viel im **8**_____ ein.
Ich trinke viel Wasser und **9**_____
und ich trinke sehr wenig Alkohol.

**ii Carlo Teutmann, 36, Computerspezialist**
In der Woche muss ich oft lange
**1**_____ und kann nicht so viel Sport
machen. Meistens gehe ich aber einmal pro
Woche schwimmen und danach in die
**2**_____. Leider esse ich nicht immer
**3**_____. Wenn ich abends spät nach
Hause komme, **4**_____ ich mir oft
einen Hamburger mit Pommes oder ein Gyros
vom Griechen. Am Wochenende bin ich aber
meistens sehr **5**_____. Oft fahre ich
mit meiner Partnerin zum **6**_____
auf dem Starnberger See oder wir gehen

wandern. Im **7**_____ gehen wir auch
Bergsteigen.

# Grammatik (1)

### *Wenn-*Sätze

**Bei *wenn-*Sätzen steht das Verb am
Ende:**

|  (wenn) | (verb) |
Es ist gesund, *wenn* man regelmäßig *joggt.*
Es ist auch gut, *wenn* man viel Wasser *trinkt.*

**Achtung! Der Satz beginnt mit *wenn*:**

*Wenn* es *regnet, fahre* ich mit dem Bus.
*Wenn* ich Zeit *habe, gehe* ich auf die Party.
*Wenn* du *möchtest, können* wir heute essen
*gehen.*

## 1 Was passt am besten?

Verbinden Sie Satzteil A mit Satzteil B.

**A**
**1**  Wenn es warm ist,
**2**  Wenn dein Handy kaputt ist,
**3**  Wenn es regnet,
**4**  Wenn ich Urlaub habe,
**5**  Wenn du müde bist,
**6**  Wenn du Hunger hast,
**7**  Wenn du heute Zeit hast,
**8**  Wenn du nach Berlin kommst,

**B**
**a**  musst du ins Bett gehen.
**b**  kannst du bei mir wohnen.
**c**  brauchst du einen Regenschirm.
**d**  kannst du eine kurze Hose tragen.
**e**  können wir ins Kino gehen.
**f**  kannst du ein neues kaufen.
**g**  iss ein Brötchen.
**h**  fahre ich nach Italien.

## 2 *Wenn-*Sätze

Schreiben Sie *wenn-*Sätze.

**Beispiel**
Hoffentlich habe ich Zeit. Dann gehe ich auf die
Party. →
Wenn ich Zeit habe, gehe ich auf die Party.

**a**  Hoffentlich regnet es morgen nicht. Dann
gehen wir im Park spazieren.

_____

**b**  Hoffentlich kommt Gerds Bus bald an. Dann
gehen wir zusammen ins Kino.

_____

**c** Hoffentlich hast du Hunger. Dann gehen wir gleich essen.

_____

**d** Hoffentlich ist unser bester Spieler bald wieder fit. Dann gewinnen wir das Finale.

_____

**e** Hoffentlich hast du morgen keine Zahnschmerzen mehr. Dann gehen wir zusammen shoppen.

_____

**f** Hoffentlich bin ich bis morgen wieder gesund. Dann kann ich wieder arbeiten.

_____

**g** Hoffentlich ist meine Freundin heute Abend zu Hause. Dann kann ich bei ihr essen.

_____

**h** Hoffentlich ist das Wetter morgen schön. Dann gehen wir schwimmen.

_____

# Grammatik (2)

## Modalverben (2) – *dürfen, sollen, wollen*

### Modalverben sind unregelmäßig:

| ich | → | darf | soll | will |
|---|---|---|---|---|
| du | → | darfst | sollst | willst |
| Sie | → | dürfen | sollen | wollen |
| er/sie | → | darf | soll | will |
| | | | | |
| wir | → | dürfen | sollen | wollen |
| ihr | → | dürft | sollt | wollt |
| Sie/sie | → | dürfen | sollen | wollen |

### Achtung! Etwas ist verboten: nicht + dürfen:

Hier dürfen Sie nicht fotografieren!
Hier darfst du nicht rauchen!

Mehr über die Modalverben *können, müssen, möchten,* siehe Lektion 6, Seite 57.

## I Wie heißt es richtig?

Ergänzen Sie, bitte.

**a** Mein Arzt sagt, ich *soll* mehr schwimmen gehen. (sollen)

**b** Was _____ ich machen? (sollen)

**c** _____ du nicht morgen nach Hamburg fahren? (sollen)

**d** Nächsten Monat _____ er mit einem Tanzkurs anfangen. (wollen)

**e** Stefan und Andrea _____ im Sommer heiraten. (wollen)

**f** _____ du heute Abend mit ins Kino kommen? (wollen)

**g** Wo _____ er dieses Jahr Urlaub machen? (wollen)

**h** _____ du eigentlich wieder Volleyball spielen? (dürfen)

**i** Hier _____ man nicht rauchen. (dürfen)

**j** _____ ich Sie fragen, wie alt Sie sind? (dürfen)

**k** Kinder unter 16 Jahren _____ den Film nicht sehen. (dürfen)

## Mehr Vokabeln

### Gesundes Essen

der Spinat (-e)
der Brokkoli (-)
die Grapefruit (-s)
die dunkle Schokolade (-n)
das Vollkornbrot (-e)
der Joghurt (-s/-e)

# Abschnitt D

## Übungen

### 1 Wie heißen die Körperteile?

Ergänzen Sie.

**a** der K _ p _

**b** das _ h _

**c** die _ _ s _

**d** die Z _ h _ e

**e** der M _ _ _

**f** das A u _ _

**g** der H a _ _

**h** der B _ _ _ h

**i** die _ _ _ d

**j** das _ n _ _

**k** das _ e i _

**l** der F _ _

### 2 Wie heißen die Wörter im Plural?

Für Tipps, wie man den Plural bildet, sehen Sie bitte Lektion 10, Seite 97.

#### i Männliche Nomen

**a** der Arm → *die Arme*

**b** der Kopf → *die Köpfe*

**c** der Bauch → _____

**d** der Fuß → _____

**e** der Zahn → _____

**f** der Hals → _____

**g** der Mund → *die Münder*

**h** der Rücken → _____

**i** der Busen → *die Busen*

**j** der Finger → *die Finger*

#### ii Weibliche Nomen

**a** die Nase → *die Nasen*

**b** die Zehe → _____

**c** die Zunge → _____

**d** die Lippe → _____

**e** die Hand → _____

#### iii Sächliche Nomen

**a** das Haar → *die Haare*

**b** das Bein → *die Beine*

**c** das Knie → _____

**d** das Gesicht → _____

**e** das Auge → *die Augen*

### 3 Können Sie helfen?

Welcher Ratschlag (a–h) passt zu welchem Problem (1–8)?

**Beispiel**
1 = g

**1** Ich habe seit ein paar Tagen Zahnschmerzen.

**2** Ich bin oft müde und schlafe nur etwa fünf Stunden.

**3** Mein Rücken ist verspannt und tut weh.

**4** Ich arbeite viel am Computer and meine Augen tun oft weh.

**5** Ich fühle mich immer sehr gestresst.

**6** Mein Hals tut weh.

**7** Ich habe leichte Kopfschmerzen.

**8** Ich habe Bauchschmerzen.

**a** Nehmen Sie doch eine oder zwei Aspirin.

**b** Trinken Sie einen Kamillentee.

**c** Machen Sie alle 50 Minuten eine kurze Pause.

**d** Sie müssen mehr schlafen.

**e** Sie brauchen ein paar Massagen.

**f** Gehen Sie doch zu einem yogakurs.

**g** Gehen Sie schnell zum Zahnarzt.

**h** Nehmen Sie ein paar Halstabletten.

## Grammatik

### Das Verb *wehtun*

**Das Verb *wehtun* ist trennbar:**

1　Im Singular sagt man:
Mein Kopf *tut* weh.
Mein Hals *tut* seit drei Wochen weh.

2　Im Plural sagt man:
Meine Beine *tun weh*.
Meine Augen *tun* schon ein paar Tage *weh*.

**Achtung! Im Perfekt sagt man:**
Mein Kopf hat wehgetan.
Meine Augen haben wehgetan.

### 1 Sagen Sie es anders!

**Beispiel**
Mein Bauch tut weh.
Ich habe Bauchschmerzen.

**a**　Mein Hals tut weh.

_____

**b**　Meine Ohren tun weh.

_____

**c**　Mein Knie tut weh.

_____

**d**　Mein Bein tut weh.

_____

**e**　Mein Rücken tut weh.

_____

**f**　Mein Kopf tut weh.

_____

**g**　Meine Augen tun weh.

_____

**h**　Mein Zahn tut weh.

_____

## Mehr Vokabeln

**Körperteile**

das Kinn (-e)
die Augenbraue (-n)
der Oberarm (-e)
der Unterarm (-e)
der Meniskus (-se)

# Und zum Schluss

 **1** Sprechen

**a**　Treiben Sie Sport?

**b**　Wie oft treiben Sie Sport?

**c**　Welchen Sport machen Sie gern?

**d**　Welchen Sport machen Sie nicht gern?

**e**　Gehen Sie in ein Fitnesscenter? Wenn ja – wie oft gehen Sie? Ist das teuer?

**f**　Dürfen Sie im Moment jeden Sport treiben oder dürfen Sie etwas nicht machen?

**g**　Essen Sie gesund?

**h**　Essen Sie viel Gemüse?

**i**　Dürfen Sie vielleicht etwas nicht essen?

**j**　Trinken Sie viel Wasser am Tag?

**k**　Wie viele Stunden schlafen Sie pro Nacht?

**l**　Ist das genug?

**m**　Erzählen Sie über Ihren letzten Urlaub. Wo waren Sie?

**n**　Wo haben Sie gewohnt?

**o**　Wie lange sind Sie geblieben?

**p**　Was haben Sie gemacht?

**q**　Wie war das Wetter?

**r**　Hat es Ihnen gefallen?

**s**　Wohin wollen Sie das nächste Mal fahren?

**2 Lesen**

*Lebst du gesund?*

Wolltest du schon immer wissen, ob du gesund lebst? Mach diesen Test und du weißt es!

---

**Frage 1: Rauchst du?**

**a** Ich rauche nie.

**b** Ich rauche selten.

**c** Ich rauche täglich.

**Frage 2: Wo lebst du?**

**a** Auf dem Land.

**b** In einer kleineren Stadt.

**c** In einer Großstadt.

**Frage 3: Treibst du Sport?**

**a** Jeden Tag!

**b** Etwa einmal in der Woche.

**c** Nie.

**Frage 4: Wie lange schläfst du normalerweise pro Nacht?**

**a** Mehr als 6 Stunden.

**b** 5–6 Stunden.

**c** 4–5 Stunden.

**Frage 5: Wie fühlst du dich am Arbeitsplatz?**

**a** Ich fühle mich sehr wohl am Arbeitsplatz und die Arbeit macht mir Spaß.

**b** Ich habe ab und zu Stress, aber sonst gefällt mir die Arbeit.

**c** Ich fühle mich oft gestresst bei der Arbeit.

**Frage 6: Wie würdest du dich selbst beschreiben?**

**a** Ich bin total relaxed und meistens ganz ruhig.

**b** Manchmal werde ich ärgerlich, bin sonst aber ganz ok.

**c** Ich bin oft nervös und schreie manchmal andere Leute an.

**Frage 7: Thema: Alkohol**

**a** Ich trinke nie Alkohol.

**b** Ich trinke eigentlich nur am Wochenende vielleicht ein Glas Bier.

**c** Ich brauche täglich drei Flaschen Bier oder eine halbe Flasche Wein.

**Frage 8: Meine Figur**

**a** Ich bin ganz zufrieden mit meiner Figur, bin nicht zu dick und nicht zu dünn.

**b** Ich habe schon ein paar Kilos zu viel drauf.

**c** Ich möchte schon lange abnehmen, kann es aber nicht.

**Frage 9: Thema: Süßigkeiten**

**a** Schokolade und andere Süßigkeiten mag ich nicht so sehr.

**b** Ich esse alle 2–3 Tage etwas Süßes.

**c** Schokolade oder andere Süssigkeiten gehören bei mir zum Alltag.

**Frage 10: Hast du Hobbys?**

**a** Ja, ein Hobby ist sehr wichtig für mich.

**b** Wenn ich frei habe, gehe ich ab und zu einer Freizeitbeschäftigung nach.

**c** In meiner Freizeit weiß ich oft nicht, was ich tun soll und es ist mir langweilig.

---

Wie viele Punkte hast du?
Antwort a: 10 Punkte; Antwort b: 5 Punkte; Antwort c: 0 Punkte

**Gesamtzahlen** 100–70 Punkte: Dein Lebensstil ist sehr gesund. 69–40 Punkte: Dein Lebensstil ist nicht besonders gesund, aber auch nicht schlecht. 39–0 Punkte: Dein Lebensstil ist ungesund / sehr ungesund!

# 12 Das Leben in Deutschland

## Abschnitt A

### Übungen

### 1 Was sagt man am Telefon?

Verbinden Sie Teil A mit Teil B.

| A | B |
|---|---|
| **1** Hallo, Marion. Wie geht | **a** Herrn Vandermann? |
| **2** Guten Tag. Kann ich bitte | **b** Kazim heute im Büro? |
| **3** Hallo, Marc. Bist | **c** es dir? |
| **4** Guten Tag. Ist Frau | **d** mich bitte zurück? |
| **5** Hallo, Paula. Hast du | **e** mit Frau Medick sprechen? |
| **6** Hallo, Tim. Ist Stefanie | **f** da? |
| **7** Guten Tag. Spreche ich mit | **g** du es? |
| **8** Guten Tag. Ist das die | **h** Touristeninformation? |
| **9** Hallo, Matthias. Rufst du | **i** einen Moment Zeit? |

### 2 Welches Wort passt am besten?

> Apparat – da – ~~sprechen~~ – Büro –
> zurückrufen – verbinde – Wiederhören –
> Nachricht – besetzt – ausrichten

**a** Ich möchte bitte mit Frau Weber *sprechen*.
**b** Möchten Sie eine _____
hinterlassen?
**c** Ist Sabine _____.
**d** Kann sie mich bitte _____?
**e** Wie lange sind Sie heute im _____?
**f** Was soll ich ihr _____?
**g** Hallo, hier ist Monika Modemann am
_____.
**h** Einen Moment. Ich _____.
**i** Die Leitung ist leider _____.
**j** Ich rufe später noch mal an. Auf
_____.

### 3 Tim Weber von der Firma Grafiks & Co telefoniert mit Frau Philipps

Ordnen Sie den Dialog.

| 1 | 2 | 3 | 4 | 5 | 6 | 7 | 8 | 9 | 10 | 11 | 12 |
|---|---|---|---|---|---|---|---|---|---|---|---|
| d |   |   |   |   |   |   |   |   |   |   |   |

| a | **Herr Weber** | Alles klar, Sie können mich jederzeit anrufen. Ich bin im Büro. |
| b | **Frau Philipps** | Gut, vielen Dank. Bis später. Auf Wiederhören. |
| c | **Frau Philipps** | Das ist ausgezeichnet. Wann können Sie mir das Poster schicken? |
| d | **Herr Weber** | Guten Tag, Frau Philipps. Hier spricht Tim Weber von der Firma Grafiks & Co. |
| e | **Frau Philipps** | Na ja, im Moment haben wir sehr viel zu tun. Aber mir geht's sehr gut, danke. |
| f | **Frau Philipps** | Guten Tag, Herr Weber. Wie geht es Ihnen? |
| g | **Frau Philipps** | Ja, das ist eine gute Idee. |
| h | **Herr Weber** | Frau Philipps, wir haben das neue Poster für Sie fertig. |
| i | **Frau Philipps** | Danke, ich sehe es mir an und ich gebe Ihnen danach Feedback. |
| j | **Herr Weber** | Danke, gut. Und Ihnen? |
| k | **Herr Weber** | Wenn Sie möchten, kann ich es Ihnen gleich per E-Mail schicken. |
| l | **Herr Weber** | Gut, dann mache ich das. |

# Grammatik

## Schwache Nomen (weak nouns)

**Ein paar Nomen brauchen im Akkusativ und Dativ ein -(e)n:**

| Nominativ: | Ist das Herr Matussek? |
| Akkusativ: | Kennen Sie Herr**n** Matussek? |
| Dativ: | Ich spreche mit Herr**n** Matussek. |

| Nominativ: | Er ist Student. |
| Akkusativ: | Kennen Sie den Student**en**? |
| Dativ: | Er hilft dem Student**en**. |

## Achtung!

1 Andere schwachen Nomen: der Architekt, der Junge, der Name, der Mensch, der Tourist.
2 Tipp: Es gibt nur männliche schwache Nomen. Ausnahme: das Herz.

# ▌ Schwache Nomen

Braucht man eine Endung oder nicht?

**Beispiel**
Mario ist Student__. (✗)
Er spricht mit dem Student**en**. (✓)

a  Peter ist Architekt__. (__)
b  Er arbeitet mit einem anderen Architekt__ zusammen. (__)
c  Wie ist dein Name__? (__)
d  Bitte sagen Sie Ihren Name__. (__)
e  Haben Sie Herr__ Berger gesehen? (__)
f  Guten Tag, Herr__ Berger. (__)
g  Er ist ein Tourist__ aus Bayern. (__)
h  Können Sie bitte dem Tourist__ helfen? (__)
i  Kennst du den Student__? (__)
j  Bist du Student__? (__)
k  Sie haben zwei Kinder: ein Mädchen und einen Junge__. (__)
l  Der Junge__ spielt im Park Fußball. (__)

# Mehr Vokabeln

## Telefonieren

das Festnetztelefon (-e)
das Mobiltelefon (-e)/das Handy (-s)
die Videokonferenz (-en)
das Auslandstelefonat (-e)

# Abschnitt B

## Übungen

### 1 Lebenslauf

Welches Wort passt am besten? Ordnen Sie bitte zu.

> Realschulabschluss – Werdegang – Abitur –
> Gymnasium – Praktikum – ~~Grundschule~~ –
> Besondere Kenntnisse – Lehre

**a** Am Anfang gehen alle Kinder in diese Schule: die *Grundschule*.

**b** Wenn man einen Beruf lernt, zum Beispiel Bäcker oder Automechaniker:
die _____.

**c** Wenn man an der Universität studieren möchte, geht man meistens auf diese Schule:
das _____.

**d** Man bekommt diesen Abschluss, wenn man die Realschule besucht:
den _____.

**e** Man braucht diesen Abschluss, wenn man studieren will:
das _____.

**f** Wenn man für kurze Zeit während der Schule oder der Universität arbeitet:
das _____.

**g** Der Lebenslauf zwischen Grundschule und was man jetzt macht:
der _____.

**h** Wenn man zum Beispiel Fremdsprachen spricht oder gut mit dem Computer arbeiten kann:
_____.

### 2 Welches Wort passt nicht?

**a** Nationalität: *deutsch, spanisch, ~~Franzose~~, polnisch*

**b** Familienstand: *verheiratet, ledig, arbeitslos, geschieden*

**c** Schule: *Gymnasium, Grundschule, Universität, Realschule*

**d** Schulabschluss: *Abitur, Lehre, Realschulabschluss*

**e** Lehre: *Bankkauffrau, Tischlerin, Bäckerin, Lehrerin*

**f** Studium: *Geschichte, Journalistik, Automechaniker, BWL*

**g** Beruf: *Student, Journalist, Designer, Arzt*

**h** Besondere Kenntnisse: *Englisch fließend, gute Chancen, gute Chinesischkenntnisse, gute Computerkenntnisse*

### 3 Marcus Hirschmann erzählt über sein Leben

Setzen Sie die Verben ins Perfekt.

**a** Von 1990 bis 1994 *bin* ich in Hannover in die Grundschule *gegangen*. (gehen)

**b** 1994 *sind* meine Eltern nach Stuttgart _____. (ziehen)

**c** Dort _____ ich dann das Goethe-Gymnasium _____. (besuchen)

**d** 2003 _____ ich das Abitur _____. (machen)

**e** Nach der Schule _____ ich gleich mit dem Studium _____. (anfangen)

**f** Von 2003 bis 2006 _____ ich BWL in Heidelberg _____. (studieren)

**g** Im Sommersemester 2005 _____ ich für ein halbes Jahr als Austauschstudent in den USA _____. (sein)

**h** Dort _____ ich sehr gut Englisch _____. (lernen)

**i** Nach meinem Bachelor im Jahre 2006 _____ ich gleich eine Arbeit bei einer multinationalen Bank in Frankfurt _____. (finden)

# Grammatik

## Präpositionen

### 1 Präpositionen und Zeit

| vor | *Vor* dem Essen soll man die Hände waschen. |
| nach | *Nach* der Schule habe ich studiert. |
| seit | *Seit* einem Jahr lebe ich in Berlin. |
| von ... bis ... | *Von* 2007 *bis* 2009 hat sie in Wien gearbeitet. |

### 2 Präpositionen und Schule/Uni

| Schule | Ich gehe *in* die Schule. |
| Gymnasium | Ich gehe *aufs* Gymnasium. |
| Universität | Ich studiere *an* der Universität. |

### Achtung!

1 *vor, nach, seit* + Dativ
vor de*m* Essen ... (das Essen), nach de*r* Schule ... (die Schule), seit eine*m* Jahr ... (das Jahr)
2 *in, auf, an* + Akkusativ oder Dativ
Sehen Sie bitte Lektion 7, Seite 64.

Tipp: Für Präpositionen mit Städten, Ländern etc., sehen Sie Lektion 11, Seite 107.

## 1 Zwei Porträts

Ergänzen Sie, bitte.

> Von – auf – Nach – nach – nach – nach – bei
> – bei – Seit – seit – ~~in~~ – in – in – in – in – in
> – in – an – bis

### i Konrad Bayer, Ingenieur, lebt in München

Er ist 1957 **1** *in* Berlin geboren. Dort ist er auch **2**_____ die Grundschule und dann **3**_____ die Realschule gegangen. Gleich **4**_____ der Schule hat er eine Lehre **5**_____ Siemens angefangen. Anschließend hat er eine Arbeit **6**_____ München gefunden und ist **7**_____

München gezogen. Er lebt nun **8**_____ mehr als 25 Jahren **9**_____ München.

### ii Magda Cernak, lebt und arbeitet in London

Sie ist 1988 **1**_____ Wuppertal geboren. **2**_____ 1992 **3**_____ 1996 ist sie **4**_____ die Grundschule und dann **5**_____ das Albert-Einstein-Gymnasium gegangen. **6**_____ dem Abitur ist sie **7**_____ London gezogen und hat dort **8**_____ der University of Westminster studiert. **9**_____ 2007 arbeitet sie **10**_____ Amnesty International.

## 2 Was haben Sie gemacht?

Beantworten Sie die Fragen. Benutzen Sie die Informationen in den Klammern.

**a** Wann sind Sie geboren? (1984)
*Ich bin 1984 geboren.*

**b** Wo sind Sie geboren? (in Hamburg)
_____

**c** Wann sind Sie in die Grundschule gegangen? (mit 6 Jahren)
_____

**d** Was haben Sie nach der Grundschule gemacht? (aufs Gymnasium wechseln)
_____

**e** Haben Sie Abitur gemacht? (ja, 2003)
_____

**f** Was haben Sie nach dem Abitur gemacht? (6 Monate in den USA leben)
_____

**g** Haben Sie studiert? (ja, Informatik in Aachen)
_____

**h** Wann haben Sie Ihren Abschluss gemacht? (2007)
_____

**i** Wo arbeiten Sie im Moment? (seit 2008 bei RTL in Hamburg)
_____

## Mehr Vokabeln

| Lebenslauf | |
| --- | --- |
| in der Schule | ein Schüler/eine Schülerin |
| in der Lehre | ein Azubi/eine Azubi (ein Auszubildender/eine Auszubildende) |
| an der Uni | ein Student/eine Studentin |
| im Praktikum | ein Praktikant/eine Praktikantin |

## *Abschnitt C*

### Übungen

### 1 Puzzle – Thema: Deutschland, Österreich, Schweiz

Finden Sie die Länder- und Städtenamen im Puzzle. Die meisten Namen sind bekannt; ein paar Namen sind nicht so bekannt. Wir haben 25 gefunden.

| S | H | A | D | S | W | Ö | H | A | L | L | E | B | U |
| --- | --- | --- | --- | --- | --- | --- | --- | --- | --- | --- | --- | --- | --- |
| A | A | N | R | C | O | S | Ü | D | T | I | R | O | L |
| L | M | Ü | E | H | R | T | N | J | E | N | A | N | M |
| Z | B | R | S | W | M | E | G | R | A | Z | I | N | T |
| B | U | N | D | E | S | R | E | P | U | B | L | I | K |
| U | R | B | E | I | B | R | E | M | E | N | K | L | Ö |
| R | G | E | N | Z | E | E | B | E | R | L | I | N | L |
| G | E | R | A | N | R | I | T | B | A | Y | E | R | N |
| B | I | G | M | Ü | N | C | H | E | N | S | L | O | I |
| A | Z | Ü | R | I | C | H | W | I | E | N | T | A | N |

### 2 Deutschland, Österreich und die Schweiz

Ergänzen Sie den Text.

| Bekannt – Hauptstadt – Regionen – Städte – ~~Muttersprache~~ – Arzneimittel – Gesellschaft – Einwohner – Wiedervereinigung – Sehenswürdigkeiten – Ausländer – Ländern |
| --- |

In Deutschland, Österreich und der deutschen Schweiz spricht man Deutsch als 1 *Muttersprache*. Man spricht Deutsch aber auch in anderen 2_____ und Provinzen, zum Beispiel in Südtirol, Italien.

Von den drei 3_____ ist die Schweiz am kleinsten. Die 4_____ ist Bern. 5_____ ist die Schweiz für ihre Berge, Uhren und 6_____.

Österreich hat 8,1 Millionen
**7**_____. Die Hauptstadt ist Wien.
Dort gibt es viele **8**_____, wie zum
Beispiel das Schloss Schönbrunn oder die
Hofburg.

Seit der **9**_____ 1989 ist Berlin die
Hauptstadt von Deutschland. Bekannte
**10**_____ in Deutschland sind auch
Hamburg, München und Frankfurt. In
Deutschland leben sehr viele
**11**_____. Deutschland ist schon
längst eine multikulturelle
**12**_____.

## 3 Mehr über Deutschland

Sehen Sie sich bitte die Karte an und beantworten Sie die Fragen.

**a** Wie viele Nachbarländer hat Deutschland?

**b** Wie heißen die Nachbarländer?

  Deutschland hat 16 Bundesländer (siehe Mehr
  Vokabeln, Seite 123).

**c** Wie heißen die drei Bundesländer im Norden?

**d** Wie heißen die zwei Bundesländer im Süden?

**e** Welches Bundesland ist am größten?

**f** Wie heißt die Hauptstadt von Niedersachsen?

**g** Wie heißt die Hauptstadt von Bayern?

**h** In welchem Bundesland liegt Frankfurt am
  Main?

**i** In welchem Bundesland liegt Köln?

**j** Welcher Fluss fließt durch Hamburg?

**k** Welcher Fluss fließt durch Köln?

**l** Wie heißen die zwei Meere im Norden?

**m** Wie heißt das Gebirge im Süden?

| 1 Dänemark | 6 die Schweiz |
|---|---|
| 2 die Niederlande | 7 Österreich |
| 3 Belgien | 8 die Tschechische Republik |
| 4 Luxemburg | 9 Polen |
| 5 Frankreich | |

# Grammatik

> ## *Dass*-Sätze
>
> **Bei *dass*-Sätzen steht das Verb am Ende:**
>
> Ich denke, *dass* er morgen *kommt*.
> Ich glaube, *dass* Bern die Hauptstadt von der Schweiz *ist*.
>
> **Wenn es zwei Verben gibt, steht oft ein Hilfsverb wie *haben/sein* oder ein *Modalverb* am Ende:**
> Ich glaube, *dass* Boris in Berlin gewohnt *hat*.
> Ich denke, *dass* er gut schwimmen *kann*.
>
> **Achtung!**
> Vor *dass* steht immer ein Komma.

## 1 Was denken die Leute?

Sagen Sie es komplizierter. Benutzen Sie *dass*.

**a** Ich denke, Berlin ist eine interessante Stadt.
*Ich denke, dass Berlin eine interessante Stadt ist.*

**b** Viele Leute glauben, die Deutschen haben keinen Humor.
Viele Leute glauben, dass

_____.

**c** Peter denkt, viele Leute in Österreich sind konservativ.
Peter denkt, dass

_____.

**d** Viele Leute denken, ein wenig Alkohol ist gut für die Gesundheit.
Viele Leute denken,

_____.

**e** Ich glaube, morgen scheint die Sonne.

_____

**f** Svenja sagt, sie will mehr Sport machen.

_____

**g** Corinna sagt, sie hat früher in Barcelona gelebt.

_____

**h** Jörg denkt, man kann in Bayern gut Urlaub machen.

_____

## 2 Was denken Sie?

Beantworten Sie die Fragen mit entweder *Ja, ...* oder *Nein, ...* Benutzen Sie *dass*. Schreiben Sie zuerst und sprechen Sie dann.

**Beispiel**
Denken Sie, dass die Schweiz ein teures Land ist? →
Ja, ich denke, dass die Schweiz ein teures Land ist. /
Nein, ich denke nicht, dass die Schweiz ein teures Land ist.

**a** Denken Sie, dass die Deutschen viel Bier trinken?

_____

**b** Glauben Sie, dass *Harry Potter* ein gutes Buch ist?

_____

**c** Glauben Sie, dass Madonna eine gute Sängerin ist?

_____

**d** Glauben Sie, dass Sie gesund leben?

_____

**e** Denken Sie, dass Sie topfit sind?

_____

**f** Denken Sie, dass man in Deutschland viel für die Umwelt tut?

_____

**g** Denken Sie, dass Deutsch eine schwere Sprache ist?

_____

## Mehr Vokabeln

> ### Die 16 Bundesländer
>
> Baden-Württemberg
> Bayern
> Berlin
> Brandenburg
> Bremen
> Hamburg
> Hessen
> Mecklenburg-Vorpommern
> Niedersachsen
> Nordrhein-Westfalen
> Rheinland-Pfalz
> Saarland
> Sachsen
> Sachsen-Anhalt
> Schleswig-Holstein
> Thüringen

## *Abschnitt D*

## Übungen

### 1 Wie heißen die Wörter?

**a** Die Sprache, die man als Kind lernt:
die M_ t_erspra_he.

**b** Eine andere Sprache, die man lernt:
die Fr_mdsp_ _ che.

**c** Die Regeln in einer Sprache:
die Gra_ mati _.

**d** Die vier *Fertigkeiten*:
Lesen, Hören, Schr_ _ben, Spr_chen.

**e** Der, die, das:
die _r_ik_ _.

**f** Alle Nomen haben einen großen Buchstaben:
die Gr_ßschreib_ng.

**g** Ist heute die Weltsprache Nummer 1:
E_gl_s_h.

**h** Wo man Deutsch lernen kann:
in einem _pra_h_urs.

## 2 Grammatik

Welches Wort passt?

> Possessivpronomen – Adjektive – Nomen –
> trennbare Verben – Präpositionen – Artikel –
> Geschlecht – ~~Personalpronomen~~ –
> Konjunktionen – Modalverben

**a** *Personalpronomen*: ich, du, er, sie, es, wir, etc.

**b** _____: der, die, das

**c** _____: anfangen, aufstehen,
einkaufen etc.

**d** _____: können, müssen,
sollen, dürfen, wollen

**e** _____: in, an, auf, mit, von, zu
etc.

**f** _____: männlich, weiblich,
sächlich

**g** _____: Telefonnummer, Auto,
Philosophie etc.

**h** _____: groß, klein, schön,
neu etc.

**i** _____: mein, dein, Ihre,
unsere etc.

**j** _____: und, denn, wenn,
dass etc.

## 3 Ist Deutsch einfach (✓) oder schwierig (✗)?

Was meinen die Leute?

**a** Im Englischen gibt es kein ö, ü oder ä und es
gibt auch nur einen Artikel. Die deutsche
Sprache hat aber drei Artikel (der, die, das). (✗)

**b** In der deutschen Alltagssprache braucht man
eigentlich nur zwei Zeitformen – das Präsens
und das Perfekt. Das ist super. (__)

**c** Das Geschlecht eines deutschen Wortes ist
nicht immer logisch. Zum Beispiel: *die Tür*.
Warum ist *Tür* weiblich? (__)

**d** Die deutsche Grammatik ist schon wirklich kompliziert. Es gibt nur wenige Regeln. (__)

**e** Die Wortstellung ist sehr flexibel und einfacher als im Englischen. Zum Beispiel: Ich fahre mit dem Bus zur Arbeit. / Mit dem Bus fahre ich zur Arbeit. / Zur Arbeit fahre ich mit dem Bus. (__)

**f** Für das Geschlecht eines Nomens gibt es oft Regeln. Wörter auf -ung sind zum Beispiel weiblich, wie *die Zeitung*. (__)

# Grammatik

## Konjunktionen

Es gibt zwei Hauptgruppen von Konjunktionen:

**I** **und, aber, oder, denn, sondern**
Bei diesen Konjunktionen ist das Verb das 2. Element:

| (0) | (1) | (2) |
|-----|-----|-----|
| Er kommt aus Berlin, aber | er | *wohnt* jetzt in Wien. |

| (0) | (1) | (2) |
|-----|-----|-----|
| Er ... | denn ... | ist |

Er fährt mit dem Bus, denn sein Auto *ist* kaputt.

**2** Konjunktionen wie *wenn* und *dass*
Bei diesen Konjunktionen geht das Verb ans Ende:

Es ist gesund, wenn man regelmäßig *joggt*.
Ich denke, dass Englisch die Weltsprache *ist*.

Andere Konjunktionen wie *wenn* und *dass* sind *weil* (because) und *obwohl* (although):

Ich lerne Deutsch, *weil* ich oft nach Berlin *fahre*.
Er beantwortet die E-Mails, *obwohl* er nicht im Büro *ist*.

Wenn es zwei Verben gibt, steht ein *Hilfsverb* wie *haben/sein* oder ein *Modalverb* am Ende:

Ich denke, dass sie früher bei Puma gearbeitet *hat*.
Er lernt Deutsch, weil er in Hamburg leben *will*.

## **I** Konjunktionen

Ergänzen Sie.

> obwohl – wenn – und – aber – oder – weil – denn – dass

**a** Die meisten Leute sind nett _____ helfen mir.

**b** Deutsch ist nicht so schwer, _____ es gibt viele Regeln.

**c** Ich bin zwar nicht perfekt, _____ ich kann fast alles verstehen.

**d** Man kann Deutsch schnell lernen, _____ man jeden Tag lernt.

**e** Sie spricht nicht so viel Spanisch, _____ ihre Eltern aus Spanien kommen.

**f** Geht er in eine Sprachschule _____ macht er einen Onlinekurs?

**g** Viele Leute denken, _____ Fremdsprachen heute sehr wichtig sind.

**h** Er lernt jetzt Deutsch, _____ er in Berlin studieren möchte.

## **2** Warum lernen die Leute Deutsch?

Benutzen Sie *weil*.

**Beispiel**
Sharan – ihr Partner kommt aus Zürich. →
Sharan lernt Deutsch, weil ihr Partner aus Zürich kommt.

**i**

**a** Paul – er fährt oft geschäftlich nach Frankfurt.
Paul lernt Deutsch, weil er

_____ .

**b** Susanna – sie liebt die Musik von Mozart und Beethoven.
Susanna lernt Deutsch, weil

_____ .

**c** Richard – er lernt gern Sprachen.

Richard lernt Deutsch, _____.

**d** Carlo – es ist gut für seine Karriere.

_____

**e** Myriam – sie findet die deutsche Sprache sehr schön.

Myriam _____.

**f** Magda – sie möchte in Österreich arbeiten.

_____

**g** Blanca und Robin – sie wollen in Deutschland Urlaub machen.

_____

**ii**

Und Sie? Warum lernen Sie Deutsch?

## *Und zum Schluss*

**1** Sprechen

**a** Aus welchem Land kommen Sie?

**b** Wie viele Einwohner hat Ihr Land?

**c** Welche Sprache(n) spricht man dort?

**d** Wie heißt die Hauptstadt?

**e** Was für andere Städte gibt es?

**f** Wofür ist Ihr Land bekannt?

**g** Wo sind Sie geboren?

**h** Wann sind Sie geboren?

**i** Wo sind Sie in die Schule gegangen?

**j** Wann haben Sie Ihren Schulabschluss gemacht?

**k** Was haben Sie nach der Schule gemacht?

Haben Sie eine Lehre gemacht?

Haben Sie gleich studiert?

Haben Sie gleich gearbeitet?

Haben Sie etwas anderes gemacht?

**l** Was machen Sie im Moment? Studieren Sie? Arbeiten Sie?

**m** Wie lange lernen Sie schon Deutsch?

**n** Warum lernen Sie Deutsch?

**o** Glauben Sie, dass Deutsch eine schwere Sprache ist?

**p** Sind Sie schon einmal in Deutschland, Österreich oder in der Schweiz gewesen?

**q** Möchten Sie Deutschland, Österreich oder die Schweiz bald besuchen?

**2** Lesen

### Südtirol

Lesen Sie den Text und beantworten Sie die Fragen auf der Seite 126.

Südtirol ist die nördlichste Provinz Italiens und heißt offiziell Autonome Provinz Bozen. Zusammen mit der Provinz Trentino bildet Südtirol die autonome Region Trentino-Südtirol.

Die Hauptstadt von Südtirol ist Bozen oder Bolzano, wie sie auf Italienisch heißt. Die Provinz hat etwa eine halbe Million Einwohner. Fast 70 Prozent der Einwohner sprechen Deutsch als Muttersprache. Ungefähr ein Viertel spricht als Muttersprache Italienisch und etwa 4 Prozent Ladinisch.

Deutsch und Italienisch sind die offiziellen Sprachen oder „Amtssprachen" Südtirols. Ladinisch ist nur in einigen Landesteilen Amtssprache. Alle Mitarbeiter von öffentlichen Ämtern müssen Deutsch und Italienisch können. In Gemeinden mit ladinischer Bevölkerung müssen sie sogar drei Sprachen können.

Auch wenn man Deutsch oder Ladinisch als Muttersprache hat, ist man Staatsbürger Italiens. In den letzten Jahren ist der Prozentsatz der muttersprachlich deutschen und ladinischen Menschen angestiegen. Der italienische Anteil ist dagegen leicht zurückgegangen.

Im Westen grenzt Südtirol an den Kanton Graubünden in der Schweiz, im Norden und Osten an die österreichischen Bundesländer Tirol und Salzburg. Im Süden verläuft die Grenze zu den anderen italienischen Provinzen.

Der bekannteste Übergang nach Österreich ist der Brennerpass, eine wichtige Nord-Süd-Verbindung über die Alpen. An den Grenzen Südtirols zu Österreich gibt es keine Grenzkontrollen mehr. Auch die Währung ist seit der Euro-Einführung 2002 auf beiden Seiten der Brennergrenze die gleiche.

Sind die folgenden Aussagen richtig oder falsch? Korrigieren Sie die falschen Aussagen.

**a** Südtirol ist der offizielle Name für eine Region in Italien.

**b** Die Hauptstadt Südtirols hat zwei Namen – Bozen oder Bolzano.

**c** Fast die Hälfte der Einwohner Südtirols spricht Deutsch als Muttersprache.

**d** Alle Mitarbeiter von öffentlichen Ämtern müssen entweder Deutsch oder Italienisch können.

**e** Seit einigen Jahren sprechen immer mehr Leute in Südtirol Deutsch als Muttersprache, ....

**f** ... aber immer mehr Leute sprechen auch Italienisch.

**g** Im Norden und Osten grenzt Südtirol an Deutschland.

**h** Der Brennerpass ist eine wichtige Nord-Süd-Verbindung über die Alpen.

**i** An den Grenzen zwischen Südtirol und Österreich muss man den Pass vorzeigen.

**j** Die offizielle Währung in Südtirol ist der Euro.

# Key to exercises

## Lektion 1

### Abschnitt A

#### Übungen
**1** 1 = g; 2 = d; 3 = e; 4 = b; 5 = c; 6 = a; 7 = f.
**2 a** (f); **b** (inf); **c** (inf); **d** (f); **e** (inf); **f** (f).
**3 a** heißen; **b** du; **c** Name; **d** Ich; **e** wie; **f** Tag, ist; **g** Sie, heißen.

#### Grammatik
**1 a** du; **b** ist Ihr; **c** Wie – Sie; **d** Wie – du; **e** heißen Sie; **f** Wie – dein Name.

### Abschnitt B

#### Übungen
**1 a** Guten **T**ag. **b** Guten **M**orgen. **c** Gu**t**en **A**bend. **d** H**a**llo. **e** Auf **W**ieder**s**ehen. **f T**schüss.
**2**

|       | Guten Morgen | Guten Tag | Guten Abend | Gute Nacht |
|-------|:---:|:---:|:---:|:---:|
| 14.00 |   | ✓ |   |   |
| 08.00 | ✓ |   |   |   |
| 23.00 |   |   |   | ✓ |
| 10.00 | ✓ | ✓ |   |   |
| 18.30 |   | ✓ | ✓ |   |

#### Grammatik
**1 a** Gute Nacht. **b** Auf Wiedersehen. **c** Ich heiße Anna. **d** Guten Morgen, Frau Matussek. **e** Mein Name ist Tim. **f** Wie ist Ihr Name? **g** Wie heißen Sie? **h** Wie ist dein Name?

### Abschnitte C & D

#### Übungen
**1** 1 = eins; 2 = zwei; 3 = drei; 4 = vier; 5 = fünf; 6 = sechs; 7 = sieben; 8 = acht; 9 = neun; 10 = zehn.
**2 a** sieben; **b** drei; **c** neun; **d** neun; **e** zwei; **f** neun; **g** zwei; **h** sechs.

**3 a** *Nummer eins ist London. London hat sieben Komma sechs Millionen Einwohner.* **b** Nummer zwei ist Berlin. Berlin hat drei Komma vier Millionen Einwohner. **c** Nummer drei ist Madrid. Madrid hat drei Komma zwei Millionen Einwohner. **d** Nummer vier ist Athen. Athen hat drei Komma eins Millionen Einwohner. **e** Nummer fünf ist Rom. Rom hat zwei Komma sieben Millionen Einwohner. **f** Nummer sechs ist Paris. Paris hat zwei Komma zwei Millionen Einwohner. **g** Nummer sieben ist Lissabon. Lissabon hat eins Komma acht Millionen Einwohner. **h** Nummer acht ist Hamburg. Hamburg hat eins Komma sieben Millionen Einwohner.

#### Grammatik
**1 a** mein; **b** Name; **c** wie; **d** heißen; **e** bitte; **f** ich; **g** Sie; **h** du; **i** Telefonnummer; **j** Handynummer.
**2 a** ist: p – e – t – e – r – s – c –h – m – i – t – t „at" web Punkt d – e. **b** ist: s – u – s – i – m – a – u – s – zwei „at" g – m – x Punkt d – e. **c** ist: m Punkt w – i – c – h – m – a – n – n acht „at" yahoo Punkt d – e. **d** ist: a – x – e – l – m – u – s – k – e – l – m – a – n – n „at" web Punkt d – e. **e** ist: i Punkt k – r – e – u – z – e – r „at" alpha Punkt com. **f** ist: f – r – a – n – k – d – e – r – b – a – e – r „at" yahoo Punkt d – e.

### Abschnitt E

#### Übungen
**1 a** *komme – wohne;* **b** Name – komme – Dänemark – ich; **c** Türkei – jetzt; **d** komme – aus – in.
**2** 1 = d; 2 = e; 3 = b; 4 = a; 5 = c; 6 = f.
**3 a** Wie; **b** Woher; **c** wo; **d** Wie; **e** wie; **f** Wo; **g** woher; **h** Wie.

#### Grammatik
**1 i a** heiß**t** – heiß**e**; **b** komm**st** – komm**e**; **c** wohn**st** – wohn**e**; **d** studier**st** – studier**e**; **e** trink**st** – trink**e**; **f** hör**st** – hör**e**.
**ii a** heiß**en** – heiß**e**; **b** komm**en** – komm**e**; **c** wohn**en** – wohn**e**; **d** studier**en** – studier**e** – arbeit**e**; **e** hör**en** – hör**en**.
**2** 1 heiße; 2 komme; 3 wohne; 4 studiere; 5 arbeite; 6 höre.
**3 Sample answers** Hallo, ich heiße *Peter Smith*. Ich komme *aus Newcastle*. Ich wohne *jetzt in Liverpool*. Meine Telefonnummer ist *0151-549873* und meine Handynummer ist *07711-843290*. Ich arbeite bei *Barclays*. Ich höre *Beyoncé und Justin Timberlake*.

## Und zum Schluss

**1 Sample answers a** Guten Tag. **b** Ich heiße *Samuel Zuckermann*. **c** Z – U – C – K – E – R – M – A – N – N. **d** Ich komme aus *Wien*. **e** Ich wohne jetzt in *Manchester*. **f** Meine Telefonnummer ist *01616 648571*. **g** Meine Handynummer ist *07798 483219*. **h** Meine E-Mail-Adresse ist *s.zuckermann@jaymail.co.uk*. **i** Ich arbeite bei *der BBC in Manchester*. **j** Ich höre *afrikanische Musik*.
**2 Text A** Gut(en); Tag; aus; entschuldigen; bitte; aber; er; sie; ja; wiedersehen; liegen; nein; in; man; Telefon; Frage; klar; und; ist; buchstabieren; Geburtsort; null; wie; neun; da; vier; Adresse(n); Visitenkarte; jetzt; Nummer(n).
Finden Sie noch mehr?
**Text B & Text C: Jana Roth a** London; **b** Mainz; **c** Jana.Roth@ucl.ac.uk; **d** 07710974563; **e** *Marketing*; **f** Tennis.
**Franz Schumacher a** München; **b** *Dresden*; **c** franz.schumacher@gmail.de; **d** 01797884351; **e** bei BMW; **f** Fußball und Golf.

# Lektion 2

## Abschnitt A

### *Übungen*
**1**
**Dialog 1**

| 1 | 2 | 3 | 4 | 5 | 6 |
|---|---|---|---|---|---|
| c | b | f | e | a | d |

**Dialog 2**

| 1 | 2 | 3 | 4 | 5 | 6 |
|---|---|---|---|---|---|
| d | f | c | a | e | b |

**2 a** dir – Danke; **b** Ihnen – Ausgezeichnet; **c** geht's – nicht; **d** wie – Ihnen.

### *Grammatik*
**1 a** *dir* – gut; **b** Ihnen – nicht so gut / schlecht; **c** Wie geht es Ihnen? – (so) gut; **d** Wie geht's? – (sehr) gut / prima / ausgezeichnet; **e** Wie geht es Ihnen? – gut.

## Abschnitt B

### *Übungen*
**1 a** *wohnt* – Deutschland; **b** noch – Schweiz; **c** Belgien – dort – Empfangsdame; **d** kommt – in – Österreich – schön.
**2** London – *Großbritannien*; Berlin – Deutschland; Moskau – Russland; Athen – Griechenland; Warschau – Polen; Madrid – Spanien; Bern – Schweiz; Lissabon – Portugal; Wien – Österreich; Tallin – Estland; Dublin – Irland; Paris – Frankreich; Ankara – Türkei; Rom – Italien.
**3 a** Falsch! Champagner kommt nicht aus Belgien. Champagner kommt aus Frankreich. **b** Richtig! Warschau liegt in Polen. **c** Falsch! Pizza kommt nicht aus Spanien. Pizza kommt aus Italien. **d** Falsch! Salzburg liegt nicht in Deutschland. Salzburg liegt in Österreich. **e** Richtig! Sankt Petersburg liegt in Russland. **f** Richtig! Der Eiffelturm steht in Frankreich, in Paris. **g** Falsch! Das Brandenburger Tor ist nicht in Österreich, in Wien. Es ist in Deutschland, in Berlin. **h** Falsch! Budapest liegt nicht in der Tschechischen Republik. Es liegt in Ungarn.

### *Grammatik*
**1 i a** komm**t**; **b** wohn**t**; **c** lieg**t**; **d** hör**t**; **e** spiel**t**.
**ii a** komm**t**; **b** studier**t**; **c** is**t**; **d** lieb**t**; **e** trink**t** – hör**t**; **f** spiel**t**.
**2 a** Sie heißt Claudia Meier. Sie komm**t** aus Wien, aber sie **wohnt** jetzt in Berlin. Sie **studiert** Musik. Sie **hört britische Popmusik** und **spielt** Gitarre in einer Band. Sie **liebt** Berlin. **b** Er heißt Manuel Santoz. Er **kommt** aus Spanien, aber er **wohnt** jetzt in Frankfurt. Er ist **Banker bei Santander**. Er **hört** moderne Flamenco-Musik. Er **spielt** Fußball. Er **liebt Deutschland.**

## Abschnitt C

### *Übungen*
**1 a** 24; **b** 32; **c** 47; **d** 39; **e** 72; **f** 67; **g** 95; **h** 88; **i** 93; **j** 26; **k** 62; **l** 94.
**2**.

| Westeuropa | Osteuropa | Afrika | Südamerika | Nordamerika | Asien | Australasien |
|---|---|---|---|---|---|---|
| *Italien* Griechenland Irland Großbritannien Portugal Deutschland Schweiz Spanien Österreich Frankreich | Estland Russland Polen | *Tunesien* Nigeria Südafrika | Chile Argentinien | Kanada USA | *Indien* China Japan | Australien Neuseeland |

## Grammatik

**I a** *zweiundzwanzig*; **b** einunddreißig; **c** fünfundvierzig; **d** siebenundfünfzig; **e** dreiundsechzig; **f** achtundsiebzig; **g** sechsundachtzig; **h** vierundneunzig; **i** neunundneunzig; **j** sechsunddreißig.
**2 a** Petra Schneider wohnt in Hannover, Bismarckstraße vierzehn. **b** Anna Kosinska wohnt in Dresden, Berliner Straße fünfundachtzig. **c** Susi Sonne wohnt in Basel, Stadtweg sechsunddreißig A. **d** Oli Meyer-Dubois wohnt in München, Blumenstraße dreiundsiebzig. **e** Leon Winter wohnt in Wien, Beethovenstraße dreiundzwanzig B. **f** Ayse Dirgen wohnt in Stuttgart, Steinstraße vier.

## Abschnitt D

### Übungen

**I a** Claudia Scholz; **b** Deutsch; **c** *Berlin*; **d** Hannover; **e** Spanisch und Französisch; **f** verheiratet; **g** seit zwei Jahren bei der Telekom.
**2 a** arbeitslos; **b** schlecht; **c** Banker; **d** Bayern; **e** Deutscher; **f** Auf Wiedersehen.

**3**

| Land | ♂ -er / -e | ♀ -in | Sprache: (i)sch |
|---|---|---|---|
| Amerika | Amerikaner | **Amerikanerin** | Englisch |
| Deutschland | **Deutscher** | Deutsche! | Deutsch |
| **England** | Engländer | Engländer**in** | **Englisch** |
| Italien | Italiener | **Italienerin** | Italien**isch** |
| Japan | Japaner | Japaner**in** | **Japanisch** |
| Wales | **Waliser** | Waliser**in** | Engl**isch** / Walis**isch** |
| Spanien | **Spanier** | **Spanierin** | Span**isch** |
| **Frankreich** | Franzose | Franzö**sin** | **Französisch** |
| China | **Chinese** | Chines**in** | Chines**isch** |
| Großbritannien | **Brite** | Brit**in** | Englisch |
| Polen | **Pole** | **Polin** | Poln**isch** |
| **Russland** | Russe | **Russin** | **Russisch** |
| Schottland | Schotte | **Schottin** | Englisch / Gälisch |
| **Türkei** | **Türke** | Türk**in** | Türk**isch** |

**4 a** *Deutscher – Deutsch*; **b** Engländer – Englisch; **c** Japanerin – Japanisch; **d** Polin – Polnisch; **e** Franzose – Französisch; **f** Schotte – Englisch / Gälisch; **g** Spanierin – Spanisch.

## Grammatik (1)

**I ich** → *arbeite*    komme    spreche    wohne
**du** → arbeit**est**    komm**st**    *sprichst*    wohn**st**
**Sie** → arbeit**en**    komm**en**    sprech**en**    wohn**en**
**er, sie, es** → arbeit**et**    komm**t**    sprich**t**    wohn**t**
**2 i a** heiß**e**; **b** wohn**e**; **c** sprech**e**; **d** Spr**ichst**; **e** komm**t** – komm**t**; **f** arbeit**et**; **g** spr**icht**.
**ii a** b**in**; **b** S**ind**; **c** i**st** – i**st** **d** b**in**; **e** i**st**; **f** B**ist**; **g** S**ind**.

## Grammatik (2)

**I** 1 = g; 2 = e; 3 = i; 4 = c; 5 = h; 6 = b; 7 = a; 8 = f; 9 = d.
**2 i a** *Wie heißen Sie?* **b** Wo wohnen Sie? **c** Wie ist Ihre Adresse? **d** Sind Sie Französin / Italienerin / Türkin usw.? **e** Welche Sprachen sprechen Sie? **f** Sind Sie verheiratet? **g** Wo arbeiten Sie?
**ii a** *Wie heißt du?* **b** Wo wohnst du? **c** Wie ist deine Adresse? **d** Bist du Französin / Italienerin / Türkin usw.? **e** Welche Sprachen sprichst du? **f** Bist du verheiratet? **g** Wo arbeitest du?

## Und zum Schluss

**I Sample answers: a** Guten Tag. Mir geht es *sehr gut, danke*. **b** Ich heiße *Ian McDonald*. *M – C – D – O – N – A – L – D*. **c** Nein, ich bin *Schotte*. **d** Ich komme *aus Inverness*. **e** Ich wohne jetzt *in Birmingham*. **f** Meine Adresse ist *78, Queens Street, Birmingham B44 8NS*. **g** Ja, ich spreche *ein bisschen Japanisch*. **h** Ich spreche *Englisch, ein bisschen Deutsch und auch ein bisschen Japanisch*. **i** Nein, ich bin *geschieden*. **j** Ich arbeite *bei HBOS hier in Birmingham.* **k** Meine E-Mail-Adresse ist *ian.mcdonald14@aol.com.* **l** Meine Handynummer ist *07723 954281.*

**2 a** iii; **b** i; **c** ii; **d** iii; **e** ii; **f** ii; **g** i; **h** ii; **i** iv.

# Lektion 3

## Abschnitt A

### Übungen
**1 a** *ein Hotel*; **b** eine Bank; **c** ein Weihnachtsmarkt; **d** ein Biergarten; **e** eine Bäckerei; **f** ein Café; **g** eine Kneipe; **h** ein Bahnhof; **i** ein Kino; **j** eine Kirche.
**2 a** *das Hotel*; **b** die Bank; **c** der Weihnachtsmarkt; **d** der Biergarten; **e** die Bäckerei; **f** das Café; **g** die Kneipe; **h** der Bahnhof; **i** das Kino; **j** die Kirche.

### Grammatik (1)
**1 der**: *Name*; Geburtsort; Wohnort; Bahnhof; Biergarten; Weihnachtsmarkt; Mann.
**die**: *Telefonnnummer*, *Faxnummer*, Handynummer; *Arbeit*; Sprache; *Visitenkarte*; *Adresse*; *Empfangsdame*; Frau; Woche; Kneipe; Kirche; Sprachschule.
**das**: *Kino*; Hotel; *Zentrum*; Café; Bier.
**2 a** Das ist **ein** Hotel. **Das** Hotel heißt Hotel Adler. **Das** Hotel ist in Celle. Celle ist **eine** Stadt in Norddeutschland. **Das** Hotel ist sehr alt. **b Die** Kirche heißt Gedächtniskirche. **Die** Gedächtniskirche ist **eine** Kirche in Berlin. Berlin ist **die** Hauptstadt von Deutschland. Es ist **eine** alte Kirche im Zentrum von Berlin. **c** Das ist **eine** Bank. **Die** Bank heißt Deutsche Bank. **Die** Deutsche Bank ist sehr groß. **d** Das ist **der** Paulaner Biergarten in München. München ist **eine** Stadt in Süddeutschland und es ist **die** Hauptstadt von Bayern. Der Paulaner Biergarten ist **ein** Biergarten in München. München hat viele Biergärten. **e** Das ist **eine** Sprachschule. **Die** Sprachschule heißt Eurotalk und ist in Hamburg. Hamburg ist **eine** Hafenstadt. **Die** Stadt ist groß und hat 1,7 Millionen Einwohner.

### Grammatik (2)
**1 a** Mein; **b** meine; **c** Meine; **d** Meine; **e** Mein; **f** Meine; **g** mein.

## Abschnitt B

### Übungen
**1** Maurer; Hausfrau; Taxifahrer; Automechaniker; Sekretärin; Kellner; Banker; Student; Journalistin; *Verkäuferin*; Kaufmann; Koch; Ärztin; *Kundenberater*; Designerin; Musiker; Tischler; Friseurin.
**2** 1 = d; 2 = f; 3 = a; 4 = h; 5 = g; 6 = i; 7 = e; 8 = c; 9 = b.
**3 1** Deutsch; **2** heiße; **3** großartig; **4** Deutscher; **5** meine; **6** Engländerin; **7** seit; **8** Beruf; **9** Tischler.

### Grammatik
**1 a** *Ingenieurin*; **b** Kundenberaterin; **c** Managerin; **d** Kellnerin; **e** Journalistin; **f** Taxifahrerin; **g** Busfahrerin; **h** Verkäuferin; **i** Designerin; **j** Friseurin; **k** Ärztin; **l** Köchin; **m** Krankenpflegerin; **n** Bankangestellte.
**2 a** *Ich bin PC-Techniker.* **b** Ich arbeite bei Toshiba. **c** Ich arbeite seit 5 Jahren dort. **d** Ja, sie ist Englischlehrerin. **e** Nein, sie ist Irin. **f** Sie lebt schon seit 15 Jahren in Deutschland.

## Abschnitt C

### Übungen
**1 a** *Anglistik*; **b** Mathematik; **c** BWL; **d** Romanistik; **e** Physik; **f** Informatik.
**2 a** *Studenten*; **b** Politik; **c** Heidelberg; **d** seit; **e** interessant; **f** langweilig; **g** Wohnung – Stadtzentrum.

### Grammatik (1)
**1 i a** mach**en**; **b** arbeit**en**; **c** hör**en**; **d** sind.
**ii a** heiß**en**; **b** hör**en**; **c** s**ind**; **d** sind.
**iii a** heiß**t**; **b** komm**t**; **c** wohn**t**; **d** arbeit**et**; **e** Sprech**t**; **f** Trink**t**; **g** Hab**t**; **h** Seid.
**iv a** komm**en**; **b** wohn**en** – studier**en**; **c** spiel**en** – hör**en**; **d** arbeit**en**; **e** arbeit**et** – arbeit**et**.
**2 a** *Wie heißt ihr?* **b** Woher kommt ihr? **c** Wo liegt Warnemünde? **d** Seid ihr beide Studenten? **e** Was studiert ihr? **f** Wo studiert ihr? **g** Seit wann / Wie lange studiert ihr? **h** Ist es interessant?

### Grammatik (2)
**1** 87   siebenundachtzig
113   einhundertdreizehn
230   zweihundertdreißig
647   sechshundertsiebenundvierzig
926   neunhundertsechsundzwanzig
1482   eintausendvierhundertzweiundachtzig
2588   zweitausendfünfhundertachtundachtzig
26419   sechsundzwanzigtausendvier-hundertneunzehn
**2** 140 = *(ein)hundertvierzig*
180 = (ein)hundertachtzig
219 = zweihundertneunzehn
690 = sechshundertneunzig
742 = siebenhundertzweiundvierzig
955 = neunhundertfünfundfünfzig
1450 = (ein)tausendvierhundertfünfzig/ vierzehnhundertfünfzig
12322 = zwölftausenddreihundertzweiundzwanzig
27895 = siebenundzwanzigtausendachthundert-fünfundneunzig
**3 a** Die Freie Universität Berlin hat *einunddreißigtausendsechshundertsiebenunddreißig Studenten.*
**b** Die Humbold Universität zu Berlin hat vierunddreißigtausendsechshundertzwölf Studenten. **c** Die

Universität Hamburg hat fünfunddreißigtausendfünfhundert-
siebenundachtzig Studenten. **d** Die Universität zu Köln hat
zweiundvierzigtausendundzwanzig Studenten. **e** Die
Universität Leipzig hat neunundzwanzigtausend-
neunundzwanzig Studenten. **f** Die Technische Universität
Dresden hat fünfunddreißigtausend(ein)hundertdreiund-
dreißig Studenten.

## Und zum Schluss

**1 Sample answers: a** Guten Tag. **b** Mir geht's *nicht schlecht*.
**c** Mein Name ist *Lucas Baumann*. **d** Ich komme *aus Bahlingen*.
**e** Bahlingen liegt *nicht weit von Freiburg*. **f** Die Stadt ist *sehr alt,
schön und klein*. **g** Ich *studiere / bin Student*. **h** Ich studiere
*Psychologie*. **i** Ich studiere *in Freiburg*. **j** Ich studiere *seit 2009*.
**k** Ich finde mein Studium *sehr interessant*.
**2 a** i; **b** ii; **c** ii; **d** ii; **e** i; **f** i; **g** ii.

# Lektion 4

## Abschnitt A

### Übungen

**1** 1 = g; 2 = e; 3 = f; 4 = i; 5 = j; 6 = d; 7 = a; 8 = c; 9 = h;
10 = b.
**2**

|  | eine CD | eine SMS | Bier | Sushi | ein Buch |
|---|---|---|---|---|---|
| kaufen | ✓ |  | ✓ | ✓ | ✓ |
| hören | ✓ |  |  |  |  |
| essen |  |  |  | ✓ |  |
| schreiben |  | ✓ |  |  | ✓ |
| trinken |  |  | ✓ |  |  |
| lesen |  | ✓ |  |  | ✓ |
| spielen | ✓ |  |  |  |  |

### Grammatik

**1 i a** spreche; **b** spricht; **c** sprechen; **d** Sprecht.
**ii a** lese; **b** Liest; **c** liest; **d** Lest.
**iii a** esse; **b** Isst; **c** isst; **d** Essen.
**2** 1 lese; 2 Liest; 3 sprichst; 4 Sprichst; 5 spreche; 6 sprechen;
7 isst; 8 esse; 9 essen.

## Abschnitt B

### Übungen

**1** 1 *Tag*; 2 Umfrage; 3 Ihr; 4 mein; 5 fotografiere; 6 haben;
7 Joggen; 8 nicht; 9 spiele; 10 Fitnesscenter; 11 Karate.
**2**

|  | spielen | machen |
|---|---|---|
| Fußball | ✓ |  |
| Tai-Chi |  | ✓ |
| Yoga |  | ✓ |
| Rugby | ✓ |  |
| Badminton | ✓ |  |
| Karate |  | ✓ |
| Jiu-Jitsu |  | ✓ |
| Golf | ✓ |  |
| Basketball | ✓ |  |
| Nordic-Walking |  | ✓ |
| Gitarre | ✓ |  |

**3 a** fotografiere; **b** schwimme; **c** reise; **d** surfe; **e** jogge; **f** spiele;
**g** koche; **h** mache.

### Grammatik

**1 a** *Marion isst gern Pizza*. **b** Sie trinkt gern Wein. **c** Sie liest
gern. **d** Sie reist gern. **e** *Sie spielt nicht gern Tennis*. **f** Sie spielt
nicht gern Fußball. **g** Sie geht gern ins Kino. **h** Sie fotografiert
gern. **i** Sie schwimmt nicht gern. **j** Sie kocht nicht gern. **k** Sie
macht gern Yoga.

## Abschnitt C

### Übungen

**1 a** *Buch*; **b** Sprache; **c** Beruf; **d** Wassersport; **e** Hobby;
**f** Musik; **g** Stadt.
**2 a** *klasse*; **b** doof; **c** langweilig; **d** schön; **e** interessant;
**f** fantastisch.

### Grammatik

**1 a** Er mag klassische Musik. **b** Magst du Schach? **c** Ich mag
die Süddeutsche Zeitung. **d** Er mag Nordic-Walking. **e** Sie
mag Sushi.

## Abschnitt D

### Übungen

**1** Familie; Sohn; Bruder; Tante; *Schwiegermutter;* Vater; Nichte; Katze; Enkelkind / Kind; Partner; Schwager; *Schwester;* Tochter; Großmutter / Mutter; Verlobte(r); Hund; Onkel; Schwägerin.
**2 a** *die Mutter;* **b** die Tochter; **c** die Schwester; **d** die Großmutter; **e** die Oma; **f** die Tante; **g** *die Cousine;* **h** die Schwiegertochter; **i** die Enkeltochter; **j** *die Nichte.*

### Grammatik (1)

**1 i a** *Sein;* **b** seine; **c** seine; **d** Sein – seine; **e** sein.
**ii a** *Ihr;* **b** Ihr; **c** Ihre – ihr; **d** Ihre; **e** ihre.
**2 1** deine; **2** Ihr; **3** dein; **4** dein; **5** Mein; **6** seine.

### Grammatik (2)

**1 a** *Handynummern;* **b** Telefonnummern; **c** Schwestern; **d** Mutter; **e** Väter; **f** Töchter; **g** Namen; **h** Adressen; **i** Visitenkarten; **j** Sprache; **k** Katzen; **l** Kirchen; **m** Kneipen; **n** *Studentinnen;* **o** Verkäuferinnen; **p** Ärztinnen; **q** Engländerinnen.
**2 a** Schwestern; **b** Söhne; **c** Töchter; **d** Sprachen; **e** Ärztinnen; **f** Engländerinnen; **g** Cousinen; **h** Kneipen.

## Und zum Schluss

**1  Sample answers**
**a** Ja, ich habe ein Hobby. *Ich spiele gern Squash.* **b** Nein, *ich jogge nicht gern.* **c** *Ja, ich gehe gern ins Kino.* **d** Ich lese gern *Krimis.* **e** *Ja, ich arbeite gern am Computer.* **f** Ich esse gern *italienisch.* **g** Ich trinke gern *Mineralwasser und Weißwein.* **h** Ich esse nicht gern *Sushi* und ich trinke nicht gern *Limonade.* **i** Ich finde Sport *langweilig.* **j** Ich finde Deutsch *sehr interessant.* **k** Ja, ich habe *eine Schwester und einen Bruder.* Meine Schwester ist *22 Jahre alt* und wohnt *in Manchester.* Sie ist *Lehrerin.* Mein Bruder ist *30 Jahre alt* und wohnt *in Spanien.* Er arbeitet *bei Santander in Madrid.* **l** Ja, ich habe *einen Sohn.* Er ist *drei Jahre alt* und *geht in den Kindergarten.* **m** Meine Mutter ist *57 Jahre alt* und ist *Verkäuferin bei Next in Birmingham.* Mein Vater ist *59 Jahre alt* und ist *Busfahrer in Birmingham.* Ich habe *auch viele Tanten und Onkel. Sie wohnen auch in Birmingham* etc.
**2 Text A a** Er wohnt (am Prenzlauer Berg) in Berlin. **b** Er hat zwei Brüder und zwei Schwestern. **c** Er spielt gern Klavier und E-Piano. **d** Er mag alte amerikanische Jazzmusik. **e** Er ist manchmal im Arsenal-Stadion in London. **f** Er mag die Pubs in London.

**Texte B & C a** Richtig. **b** Falsch. Loretta spricht auch Spanisch und Englisch, aber Mark spricht nur Englisch und Deutsch. **c** Falsch. Loretta ist 23 Jahre alt, aber Mark ist 26. **d** Falsch. Loretta mag Fußball nicht so sehr, aber Mark ist Arsenal-Fan. **e** Richtig. **f** Falsch. Loretta möchte Joachim nach einem Match treffen, aber Mark möchte Joachim im Stadion treffen.

# Lektion 5

## Abschnitt A

### Übungen

**1** 1 = c; 2 = d; 3 = b; 4 = a.
**2** 1 = c; 2 = a; 3 = b.

### Grammatik (1)

**1 der**: *Supermarkt;* Biergarten; Park; Kiosk.
**die**: *Kneipe;* Kirche; Bank; *Post.*
**das**: *Hotel;* Café; Kino; Restaurant.
**2 a** *einen;* **b** einen; **c** eine; **d** eine; **e** ein; **f** ein; **g** ein; **h** einen; **i** ein; **j** eine; **k** einen.

### Grammatik (2)

**1 a** *Nehmen;* **b** Gehen; **c** Trinken; **d** Kaufen; **e** Suchen; **f** Essen.
**2 a** *Nimm;* **b** Geh; **c** Trink; **d** Kauf; **e** Such; **f** Iss.
**3**

| Sie-Form | du-Form | ihr-Form |
|---|---|---|
| *Hören Sie bitte zu!* | *Hör bitte zu!* | *Hört bitte zu!* |
| Telefonieren Sie nicht so viel. | Telefoniere nicht so viel. | *Telefoniert nicht so viel.* |
| *Gehen Sie hier links.* | Geh hier links. | Geht hier links. |
| *Schreiben Sie eine E-Mail.* | Schreib eine E-Mail. | Schreibt eine E-Mail. |
| Sprechen Sie lauter, bitte. | *Sprich lauter, bitte.* | Sprecht lauter, bitte. |
| Lesen Sie, bitte! | *Lies, bitte!* | Lest, bitte! |

## Abschnitte B & C

### Übungen

**1** 1 *durstig;* **2** jetzt; **3** Kalorien; **4** eine; **5** bestellen; **6** bitte; **7** Eis; **8** Sie; **9** einen; **10** essen; **11** gemischtes; **12** ohne.
**2 Warme Getränke**: *Kaffee;* Kamillentee; Tee; heiße Schokolade. **Alkoholfreie Getränke**: Orangensaft; Cola; Mineralwasser; Limonade. **Alkohol**: *Schnaps;* Sekt; Bier; Rotwein; Weißwein; Weizenbier. **Essen**: Kirschtorte; Butterkuchen; gemischtes Eis; Sandwich.

### Grammatik

**1 a** einen – eine; **b** einen; **c** einen; **d** einen; **e** ein; **f** eine; **g** einen – einen; **h** eine; **i** eine; **j** einen.
**2 a** *den,* **b** den; **c** den; **d** die; **e** die; **f** das; **g** das; **h** den – den; **i** das – die; **j** den – den.

## Abschnitt D–1

### Übungen

**1 a** *der Salat*; **b** die Karotte; **c** die Kartoffel; **d** das Ei; **e** das Brot; **f** der Apfel; **g** das Würstchen; **h** der Fisch; **i** die Zitrone; **j** das Hähnchen; **k** der Käse; **l** das Brötchen.
**2 1** Käse; **2** Kartoffeln; **3** Würstchen; **4** Brot; **5** Tee; **6** Salat; **7** Äpfel; **8** Kuchen. Das neunte Wort ist: Karotten.
**3**

|  | eine Flasche | eine Dose | eine Packung | ein Stück | 250 Gramm |
|---|---|---|---|---|---|
| Olivenöl | ✓ | ✓ |  |  |  |
| Bier | ✓ | ✓ |  |  |  |
| Karotten |  | ✓ | ✓ |  | ✓ |
| Salami |  |  | ✓ | ✓ | ✓ |
| Wasser | ✓ | ✓ |  |  |  |
| Käse |  |  | ✓ | ✓ | ✓ |
| Brot |  |  | ✓ | ✓ | ✓ |
| Kaffee |  | ✓ | ✓ |  | ✓ |

**4 a** Richtig. **b** Falsch. Andreas isst Pizza oder **Fisch**. **c** Falsch. Zu Mittag isst Konstantin **ein Baguette mit Käse oder Salami**. **d** Richtig. **e** Falsch. Andreas trinkt ein Glas Wein, aber Konstantin trinkt **Bier**. **f** Falsch. Magdalena isst **kein** Fleisch. Sie ist Vegetarierin.

### Grammatik

**1 i a** *die Salate*; **b** die Pilze; **c** der Kurs; **d** die Kiosks; **e** *die Schnäpse*; **f** die Orangensäfte; **g** die Apfelsäfte; **h** die Supermärkte.
**ii a** die Karotten; **b** die Tomaten; **c** *die Dosen*; **d** die Tassen; **e** die Flaschen; **f** die Kartoffeln; **g** die Packungen; **h** die Zeitungen; **i** die Würste; **j** die Stadt.
**iii a** die Biere; **b** die Brote; **c** die Getränke; **d** *die Länder*; **e** die Bücher; **f** die Häuser.
**iv a** die Restaurants; **b** *die Cafés*; **c** die Hotels; **d** die Kinos; **e** die Salamis; **f** die Parks.
**2 i a** Flasche**n**; **b** Flasche**n**; **c** Dose**n**; **d** Orangensäft**e** – Apfelsäft**e**; **e** Packung**en**; **f** Baguette**s** – Weißbrot**e**; **g** Packung**en**; **h** Salami**s**; **i** Plastikglä**ser**; **j** Serviette**n**.

## Abschnitt D–2

### Übungen

**1 a** *Ausstellungen*; **b** Biergarten; **c** Tag; **d** Abonnement; **e** Kuchen; **f** teuer; **g** billig; **h** lieber.
**2 a** *Sie liest häufig die Zeitung.* **b** Er geht manchmal joggen. **c** Er geht selten ins Theater. **d** Sie geht oft schwimmen. **e** Er geht nie in die Oper.

### Grammatik

**1 a** Marianne geht *ins Café*. **b** Peter geht ins Kino. **c** Claudia geht in die Bäckerei. **d** Stefan geht in die Kirche. **e** Simone geht in den Biergarten.
**2 Sample answers: a** Ich gehe *sehr oft* ins Kino. **b** Ich gehe *samstags* in die Kneipe. **c** Ich gehe *jeden Tag* ins Café. **d** Ja, ich gehe *oft* ins Fitnessstudio. **e** Ich gehe *Freitag abends* in den Club. **f** Ich gehe *nur selten* ins Restaurant. **g** Ich gehe gern *in den Club*, aber ich gehe nicht so gern *ins Fitnessstudio*.

## Und zum Schluss

**1 Sample answers**
**a** Zum Frühstück esse ich *meistens Müsli mit Milch und Obst*.
**b** Zum Frühstück trinke ich *meistens Kaffee*. **c** Zu Mittag esse ich *meistens ein Sandwich oder ein Baguette. Ich trinke ein Glas Mineralwasser oder einen Orangensaft*. **d** Zum Abendbrot esse ich *oft Fleisch und Gemüse* und ich trinke *ein Glas Rotwein*.
**e** Ich esse gern *Pasta* und ich trinke gern *Wein*. **f** Ich trinke morgens *lieber Kaffee* und abends *lieber Tee*. **g** Ich möchte bitte *ein Baguette mit Schinken und Salat*. Und zum Trinken möchte ich *eine Cola*. **h** *Nein, ich bin kein Vegetarier*. **i** *Ja, ich koche gern. Ich koche gern Pasta*. **j** *Ja, ich gehe sehr oft ins Café*. **k** *Ins Restaurant gehe ich nur selten*. **l** Ich esse gern *indisch und italienisch*. **m** Ich gehe lieber *ins Kino*. **n** Ich gehe gern *in den Club*, aber ich gehe nicht so gern *ins Fitnessstudio*.
**2** Diese Gerichte kann Susanna nicht essen:

| 3 | 5 | 8 | 9 | 11 | 13 | 16 |
|---|---|---|---|---|---|---|

# Lektion 6

## Abschnitt A

### Übungen

**1 a** *Montag*; **b** Dienstag; **c** Mittwoch; **d** Donnerstag; **e** Freitag; **f** Samstag; **g** Sonntag.
**2**

| a | b | c | d | e | f | g | h |
|---|---|---|---|---|---|---|---|
| 6 | 8 | 4 | 5 | 2 | 7 | 3 | 1 |

**3 1** *Einzelzimmer*; **2** möchten; **3** Nächte; **4** heute; **5** Dusche; **6** Internetzugang; **7** kostet; **8** Nacht; **9** Frühstück; **10** von; **11** bis; **12** essen; **13** Restaurant; **14** nehme; **15** Schlüssel; **16** Aufenthalt.

## Grammatik

**1** 1 = e; 2 = c; 3 = g; 4 = b; 5 = f; 6 = a; 7 = d.
Es gibt vier Ja-Nein Fragen in Übung 1.
**2 a** Haben Sie ein Zimmer frei? **b** Wie lange möchten Sie das
Zimmer? / Für wie viele Nächte möchten Sie das Zimmer?
**c** Möchten Sie ein Zimmer mit Bad? **d** Wie viel / Was kostet
das Zimmer?**e** Wann gibt es Frühstück? **f** Hat das Zimmer
Internetzugang?

# Abschnitt B

## Übungen

**1 a** 9; **b** 4; **c** 1; **d** 7; **e** 5; **f** 8; **g** 2; **h** 3; **i** 6; **j** 10.
**2 a** Es ist ein Uhr nachmittags. **b** Es ist sechs Uhr abends. **c** Es
ist neun Uhr abends. **d** Es ist vier Uhr nachmittags. **e** Es ist elf
Uhr abends. **f** Es ist drei Uhr nachmittags. **g** Es ist zwei Uhr
nachts / morgens. **h** Es ist zwei Uhr nachmittags.

## Grammatik

**1 a** *In Moskau ist es sechs Uhr am Abend.* **b** In London ist es
drei Uhr am Nachmittag. **c** In Hongkong ist es elf Uhr am
Abend. **d** In New York ist es zehn Uhr am Morgen. **e** In Rio
de Janeiro ist es zwölf Uhr am Mittag. **f** In Neu Delhi ist es
halb elf am Abend. **g** In Kapstadt ist es fünf Uhr am
Nachmittag. **h** In Los Angeles ist es sieben Uhr am Morgen.
**i** In Sydney ist es zwei Uhr in der Nacht.

# Abschnitt C

## Übungen

**1 a** *aufstehen*; **b** frühstücken; **c** duschen; **d** verlassen; **e**
arbeiten; **f** schreiben; **g** anrufen; **h** machen; **i** spielen; **j** kochen;
**k** trinken; **l** treffen; **m** einkaufen; **n** gehen; **o** lesen; **p** sehen.
**2 a** *Um 9.00 Uhr steht er auf.* **b** Dann duscht er. **c** Um 9.30
Uhr frühstückt er. **d** Er verlässt das Haus um 10.30 Uhr. **e** Um
11.00 Uhr kauft er ein. **f** Um 13.00 Uhr kocht er Essen. **g** Um
13.45 Uhr schreibt er eine E-Mail. **h** Am Nachmittag trifft er
Freunde. **i** Um 17.00 Uhr spielt er Tennis. **j** Um 20.00 Uhr
geht er ins Kino. **k** Um 22.00 Uhr trinkt er ein Bier. **l** Er geht
um 1.00 Uhr ins Bett.

## Grammatik (1)

**1** 1 = c; 2 = f; 3 = e; 4 = a; 5 = d; 6 = b.
**2 a** auf; **b** an; **c** ein; **d** an; **e** fern; **f** ab; **g** auf; **h** fern;
**i** an; **j** ab; **k** an; **l** mit.

## Grammatik (2)

**1 a** Dann esse ich Joghurt, Früchte und Croissants zum
Frühstück. **b** Danach kaufe ich meistens auf dem Markt ein.
**c** Um ein Uhr esse ich in einem Café zu Mittag. **d** Am
Nachmittag treffe ich oft Freunde. **e** Meistens gehen wir ins
Kino oder schwimmen. **f** Danach kochen wir etwas

zusammen. **g** Anschließend gehen wir gern tanzen. **h** Meistens
gehe ich um Mitternacht ins Bett.

# Abschnitte D & E

## Übungen

**1**

| 1 | 2 | 3 | 4 | 5 | 6 | 7 | 8 | 9 | 10 | 11 | 12 |
|---|---|---|---|---|---|---|---|---|----|----|----|
| i | d | g | j | a | h | c | l | k | b | e | f |

## Grammatik

**1 a** muss; **b** Kannst; **c** kann; **d** muss; **e** können; **f** müssen;
**g** Könnt; **h** Müsst; **i** muss; **j** möchte; **k** Möchtest; **l** Möchtet.
**2 a** Ja, ich kann sehr gut / gut / ganz gut Auto fahren. Nein, ich
kann nicht gut / überhaupt nicht Auto fahren. **b** Ja, ich kann
sehr gut / gut / ganz gut Motorrad fahren. Nein, ich kann nicht
gut / überhaupt nicht Motorrad fahren. **c** Ja, ich kann sehr gut
/ gut / ganz gut Englisch sprechen. Nein, ich kann nicht gut /
überhaupt nicht Englisch sprechen. **d** Ja, ich kann sehr gut / gut
/ ganz gut Fußball spielen. Nein, ich kann nicht gut / überhaupt
nicht Fußball spielen. **e** Ja, ich kann sehr gut / gut / ganz gut
Klavier spielen. Nein, ich kann nicht gut / überhaupt nicht
Klavier spielen. **f** Ja, ich kann sehr gut / gut / ganz gut singen.
Nein, ich kann nicht gut / überhaupt nicht singen. **g** Ja, ich kann
sehr gut / gut / ganz gut tanzen. Nein, ich kann nicht gut /
überhaupt nicht tanzen. **h** Ja, ich kann sehr gut / gut / ganz gut
kochen. Nein, ich kann nicht gut / überhaupt nicht kochen.
**3 Sample answers**
Hier in *London* kann man sehr viel machen.
Am Samstagmorgen können wir *einkaufen gehen*. Am
Nachmittag kann man *ins Museum gehen*. Am Samstagabend
können wir *tanzen oder ins Kino gehen*.
Am Sonntag können wir *im Hyde-Park spazieren gehen*.
Bis Samstag. Viele Grüße
*Marion*

# Und zum Schluss

**1 Sample answers**
**a** Ich stehe normalerweise *um 7.45 Uhr* auf. **b** Ich frühstücke
*um 8 Uhr*. **c** Zum Frühstück esse ich normalerweise *ein Toast
mit Marmelade*. **d** Ich gehe meistens *um 8.15 Uhr* aus dem
Haus. **e** Mein Studium fängt *um 9.00 Uhr* an. **f** Zu Mittag esse
ich *gegen 1.00 Uhr*. **g** Meistens esse ich *ein Baguette mit Käse
oder Schinken*. **h** Am Nachmittag *habe ich meistens Seminare
oder ich arbeite in der Bibliothek*. **i** Ja, *ich kaufe meistens im
Supermarkt ein*. **j** Am Abend *lese ich oder ich sehe fern*. **k** Ja, *ich
gehe ins Kino und auch ins Theater und ins Konzert*. **l** Ich gehe
*oft ins Kino und ins Theater, aber ins Museum gehe ich nur
selten*. **m** Ja, *ich sehe abends oft fern*. **n** Ja, *ich lese jeden Tag
meine E-Mail*. **o** Zu Abend esse ich *gegen 7.00 Uhr*.

**p** Normalerweise gehe ich *gegen 11.30 Uhr* ins Bett. **q** Am Wochenende *schlafe ich bis 9.00 Uhr. Ich besuche dann Freunde und gehe ins Kino. Abends arbeite ich in einer Bar.* **r** Hier in London kann man *sehr viel* machen – *zum Beispiel ins Kino, ins Theater, ins Museum und ins Restaurant gehen.* **s** Man kann *viel* machen. Man kann *zum Beispiel zu einem Fußballspiel gehen; man kann auch ins Konzert gehen.* **t** In der Woche muss ich *um 7.45 Uhr* aufstehen. **u** *Ja, ich muss am Wochenende arbeiten.* **v** Ich kann gut Tennis spielen. Ich kann *gut Französisch* sprechen und ich kann *auch gut fotografieren.* **w** Ich kann nicht so gut *früh* aufstehen. Ich kann nicht so gut *Japanisch sprechen* und ich kann auch nicht so gut *singen.* **x** Heute möchte ich noch *mit Freunden essen gehen.*

### 2 Lesen

**a** Richtig. **b** Falsch. Sie möchten Freitagnachmittag ins Kino gehen. **c** Falsch. Daniel und Steffi essen gern griechisch und im Stadtzentrum gibt es drei gute griechische Restaurants. **d** Richtig. **e** Falsch. Daniel trinkt überhaupt keinen Alkohol, wenn er fahren muss. **f** Richtig. **g** Richtig. **h** Richtig. **i** Falsch. Sonntags besucht er seine Oma. **j** Falsch. Seine Oma backt immer einen Kuchen.

# Lektion 7

## Abschnitte A & B

### Übungen

**1 a** Die *Buchhandlung;* **b** Der Getränkemarkt; **c** Die Fleischerei oder Metzgerei; **d** Die Bank; **e** Die Apotheke; **f** Die Bäckerei; **g** Der Elektroladen; **h** Das Kaufhaus; **i** Die Drogerie; **j** Der Kiosk.
**2 1** helfen; **2** Wochenende; **3** Reiseführer; **4** Deutsch; **5** Beispiel; **6** hat; **7** habe; **8** kostet; **9** Euro; **10** nehme; **11** bezahlen; **12** ist; **13** Wiedersehen.

## Abschnitt A

### Grammatik

**1 a** i; **b** ii; **c** i; **d** ii; **e** i; **f** i; **g** ii.
**2 a** *In der Apotheke;* **b** Im Kaufhaus; **c** Auf der Bank; **d** Im Kaufhaus; **e** In der Fleischerei / Metzgerei; **f** Im Supermarkt / im Getränkemarkt; **g** Im Supermarkt / auf dem Markt; **h** Im Café.

## Abschnitt C

### Übungen

**1 a** früh; **b** auf; **c** Dusche; **d** wach; **e** Brötchen – Honig; **f** Glas Tee; **g** Büro; **h** E-Mails; **i** Kunden; **j** Salat; **k** Feierabend; **l** stressig; **m** gern; **n** Konzert; **n** klassische Musik.
**2 a** Er steht auf und duscht. **b** Meistens isst er nur ein Brot

mit Marmelade. **c** Seine Seminare fangen um 10.00 Uhr an. **d** Er findet sein Studium sehr interessant, manchmal ist es aber auch anstrengend. / Er findet sein Studium sehr interessant, aber manchmal auch anstrengend. **e** Zu Mittag isst er (jeden Tag) in der Mensa. **f** Um 14.00 Uhr ist er wieder in einem Seminar oder in einer Vorlesung. **g** Um 16.30 sitzt er meistens in der Bibliothek und lernt (und bereitet sich auf sein Examen vor). **h** Ja, am Wochenende arbeitet er in einem Restaurant.

### Grammatik

**1 1** = e; **2** =; d **3** =; = a; **4** =; g **5**; = f; **6** =; c **7** = b.
**2 a i** *Akkusativ;* **ii** *Dativ;* **b i** *Dativ;* **ii** *Akkusativ;* **c i** *Dativ;* **ii** Akkusativ; **d i** *Dativ;* **ii** Akkusativ; **e i** Akkusativ; **ii** Dativ; **f i** *Dativ;* **ii** Akkusativ; **g i** Akkusativ; **ii** Dativ.
**3 1** ins; **2** im; **3** in den; **4** ins; **5** im; **6** in den; **7** ins; **8** in die; **9** im; **10** ins; **11** in die; **12** in der; **13** ins; **14** im.

## Abschnitt D

### Übungen

**1 a** das Fahrrad; **b** der Bus; **c** das Auto; **d** das Motorrad; **e** das Flugzeug; **f** die U-Bahn; **g** der Zug; **h** die Straßenbahn.
**1** = d; **2** = f; **3** = b; **4** = h; **5** = a; **6** = g; **7** = e **8** = c.
**3** Verkehr; Straßenbahn; Zug; Bus; Auto; Bahn; Taxi; Fuß; Fahrrad; Verbindung; Fahrt; Fahrschein; Ticket; Monatskarte; Flug; Umwelt; Straße; Uni; umsteigen; parken; dauern; teuer; weit; Mofa.

### Grammatik

**1 a** *dem;* **b** dem; **c** der; **d** dem; **e** dem; **f** dem; **g** dem; **h** der.
**2 a** Die Linie 12 fährt von der Universität zum Bahnhof.
**b** Die Linie 18 fährt von der Michaelis-Kirche zum Stadtpark.
**c** Die Linie 6 fährt vom Stadtpark zum Museum. **d** Die Linie 112 fährt vom Hotel Interconti zum Stadion. **e** Die Linie 24 fährt von der Bismarck-Schule zur Universität. **f** Die Linie 12 fährt vom Flughafen zum Stadtpark. **g** Die Linie 7 fährt vom Museum zur Michaelis-Kirche. **h** Die Linie 3 fährt von der Universität zum Flughafen.
**3 a 1** mit dem; **2** zum. **b 3** mit der; **4** zur; **5** Von der; **6** zum. **c 7** zur; **8** mit dem. **d 9** mit dem; **10** zur; **11** mit der; **12** von der.

### 4 Sample answers

Ich fahre mit dem Bus und mit der U-Bahn zur Arbeit.
Die Fahrt dauert meistens 35 Minuten.
Ich muss vom Bus in die U-Bahn umsteigen.
Manchmal finde ich die Fahrt stressig. Es gibt oft zu viele Leute im Bus und in der U-Bahn. Man kann im Bus und in der U-Bahn oft nicht lesen.
Von der U-Bahnstation bis zu meiner Arbeit brauche ich nur 5 Minuten zu Fuß.
Ich habe eine Monatskarte. Sie kostet 95 Pfund.

## Und zum Schluss

**1 a** Richtig. **b** Falsch. Die Fahrt vom Hauptbahnhof zum Flughafen dauert nur 12 Minuten. **c** Richtig. **d** Falsch. Busse fahren alle 10 Minuten zum Flughafen. **e** Falsch. Man zahlt circa 16 Euro. **f** Richtig. **g** Richtig.

**2 Sample answers**

**a** *Normalerweise stehe ich um 7.30 Uhr auf.* **b** *Zum Frühstück esse ich* meistens einen Toast und *ich trinke zwei Tassen Kaffee.* **c** *Ich verlasse das Haus um 8.10 Uhr.* **d** *Ich fahre mit dem Auto zur Arbeit.* **e** *Die Fahrt dauert* meistens 20 Minuten. **f** Nein, ich muss nicht umsteigen. Ich fahre mit dem Auto. **g** *In meiner Stadt sind die Verkehrsverbindungen* nicht sehr gut. **h** *Meine Arbeit fängt um* 8.30 Uhr *an.* **i** *Am Vormittag* arbeite ich an meinem Schreibtisch. Ich beantworte E-Mails und Briefe und ich telefoniere mit Kunden. **j** *Zu Mittag esse ich ein Sandwich* und einen Apfel an meinem Schreibtisch. **k** *Am Nachmittag* arbeite ich an meinem Schreibtisch weiter. Manchmal gehe ich mit meinen Kollegen auf eine Konferenz. **l** *Feierabend mache ich meistens um 6.30 Uhr oder 7.00 Uhr. / Meine Uni ist meistens um 16.00 Uhr zu Ende.* **m** *Dann* fahre ich nach Hause. Ich trinke ein Glas Wein und bereite mit meiner Partnerin das Abendessen vor. **n** *Ich kaufe meistens am* Wochenende ein. Aber auch während der Woche muss ich manchmal im Supermarkt einkaufen. **o** *Ich kaufe meistens im* Supermarkt ein, aber wenn ich Zeit habe, kaufe ich auch frisches Gemüse, Obst und Blumen auf dem Markt. **p** *Nein, ich gehe nicht gern shoppen. Ich finde es langweilig.* **q** *Ich kaufe gern Geschenke für meine Freunde und Familie. Ich kaufe nicht gern Lebensmittel.* **r** *Am Samstag stehe ich* erst um 9.00 oder 9.30 Uhr auf. *Dann* kaufe ich im Supermarkt ein. *Am Nachmittag* gehe ich oft zum Fußballspiel. *Abends* besuchen meine Partnerin und ich oft Freunde. *Sonntags* stehe ich meistens spät auf. Wir fahren oft aufs Land und machen ein Picknick. **s** *Ich gehe gern* ins Kino und *ich gehe auch gern* ins Theater.

# Lektion 8

## Abschnitt A

### Übungen

**1 a** *geduscht;* **b** gefrühstückt; **c** gearbeitet; **d** gekauft; **e** gespielt; **f** gekocht; **g** telefoniert; **h** gesurft.

**2 a** *geduscht;* **b** frühstücken; **c** gearbeitet; **d** gekauft; **e** spielen; **f** gekocht; **g** telefonieren; **h** surfen.

**3**

|  | Fußball gespielt | ein- gekauft | gear- beitet | ein Konzert gehört |
|---|---|---|---|---|
| im Park | ✓ |  | ✓ | ✓ |
| auf dem Markt |  | ✓ | ✓ |  |
| im Kranken- haus |  |  | ✓ |  |
| im Garten | ✓ |  | ✓ |  |
| zu Hause | ✓ |  | ✓ | ✓ |

## *Grammatik*

**1**

| regulär | kein ge / trennbar |
|---|---|
| arbeiten → *gearbeitet* <br> brauchen → gebraucht <br> dauern → gedauert <br> duschen → geduscht <br> haben → gehabt <br> hassen → gehasst <br> kaufen → gekauft <br> kosten → gekostet <br> leben → gelebt <br> lernen → gelernt <br> lieben → geliebt <br> machen → gemacht <br> reden → geredet <br> sagen → gesagt <br> schmecken → geschmeckt <br> suchen → gesucht <br> tanzen → getanzt <br> wohnen → gewohnt | besorgen → besorgt <br> bestellen → bestellt <br> besuchen → besucht <br> erledigen → erledigt <br> verdienen → verdient <br><br> buchstabieren → buchstabiert <br> fotografieren → fotografiert <br> studieren → studiert <br> telefonieren → telefoniert <br><br> abholen → abgeholt <br> einkaufen → eingekauft <br><br> vorbereiten → vorbereitet |

**2 a** *gedauert;* **b** gelebt; **c** gemacht; **d** geredet; **e** gesagt; **f** geschmeckt; **g** bestellt; **h** studiert; **i** besucht; **j** eingekauft; **k** abgeholt.

**3 a** *Ich habe heute um 8 Uhr gefrühstückt.* **b** Ich habe von 9 bis 17.00 Uhr gearbeitet. **c** Ich habe um 13 Uhr Mittagspause gehabt. **d** Ja, ich habe ein Paar Joggingschuhe gekauft. **e** Ja, ich habe mit meiner Schwester telefoniert. **f** Ja, ich habe Hähnchen mit Reis gekocht. **g** Am Abend habe ich Freunde besucht.

# Abschnitt B

## Übungen

**1 i** Unterhemd; Hemd; Tasse; Mantel; CD; Bild; DVD; Sonnenbrille; Foto; Uhr; Radio; Hut; Kännchen; Anzug; Zug; Telefon; Buch; Platte; Lampe; Wecker.
**ii** das Unterhemd; das Hemd; die Tasse; der Mantel; die CD; das Bild; die DVD; die Sonnenbrille; das Foto; die Uhr; das Radio; der Hut; das Kännchen; der Anzug; der Zug; das Telefon; das Buch; die Platte; die Lampe; der Wecker.
**2** 1 = c; 2 = d; 3 = e; 4 = g; 5 = b; 6 = h; 7 = a; 8 = f.

## Grammatik

**1 a** groß; **b** neu; **c** langweilig; **d** leicht; **e** reich; **f** schlecht; **g** teuer; **h** langsam; **i** warm; **j** spät; **k** schön; **l** laut; **m** altmodisch.
**2 a** interessante; **b** modischen; **c** langweiligen; **d** neuen; **e** schönes; **f** billiges; **g** gute; **h** modische.

# Abschnitt C

## Übungen

**1** 1 Essen; **2** du; **3** gesund; **4** weine; **5** Hund; **6** verrückt; **7** zurück.
**2** 1 = c; 2 = g; 3 = j; 4 = b; 5 = a; 6 = d; 7 = i; 8 = f; 9 = e; 10 = h.

## Grammatik

**1 a** *Um 7 Uhr ist Monika aufgestanden.* **b** Danach hat sie geduscht. **c** Um halb acht hat sie gefrühstückt. **d** Dann ist sie mit dem Fahrrad zur Arbeit gefahren. **e** Von halb neun bis ein Uhr hat sie am Computer gearbeitet. **f** Um ein Uhr hat sie zu Mittag gegessen. **g** Um halb acht Uhr hat sie eine Freundin getroffen. **h** Sie ist mit ihrer Freundin ins Kino gegangen. **i** Um 23.00 Uhr hat sie ein Buch gelesen. **j** Um Mitternacht ist sie ins Bett gegangen.
**2**

| haben | sein |
|---|---|
| essen → gegessen | fahren → gefahren |
| finden → gefunden | fliegen → geflogen |
| geben → gegeben | gehen → gegangen |
| heißen → geheißen | kommen → gekommen |
| lesen → gelesen | laufen → gelaufen |
| sehen → gesehen | schwimmen → geschwommen |
| schlafen → geschlafen | bleiben → geblieben |
| schreiben → geschrieben | sein → gewesen |
| singen → gesungen | aufstehen → aufgestanden |
| sprechen → gesprochen | mitkommen → mitgekommen |
| treffen → getroffen | spazieren gehen → spazieren gegangen |
| trinken → getrunken | |
| bekommen → bekommen | |
| vergessen → vergessen | |
| verstehen → verstanden | |
| anfangen → angefangen | |
| anrufen → angerufen | |
| fernsehen → ferngesehen | |

**3 a** *Hast gesehen;* **b** ist aufgestanden; **c** hat geschrieben; **d** haben getrunken; **e** haben gegessen; **f** ist gekommen; **g** bin gegangen; **h** ist gelaufen; **i** ist gewesen; **j** habe gelesen; **k** habe vergessen.

# Abschnitt D

## Übungen

**1 a** Vor ungefähr 6000 Jahren; **b** 1876; **c** 1989; **d** 1886; **e** *1835;* **f** 1969; **g** 1928; **h** 1973; **i** 2001.

**2 a** Früher sind nur wenige Leute mit dem Flugzeug geflogen. **b** Früher haben nur wenige Leute am Computer gearbeitet. **c** Früher haben nur wenige Leute mit einem Handy telefoniert. **d** Früher haben nur wenige Leute ihren Urlaub im Ausland gemacht. **e** Früher haben nur wenige Leute E-Mails an Freunde geschrieben. **f** Früher sind nur wenige Leute ins Fitnesscenter gegangen. **g** Früher haben nur wenige Leute zwei oder mehr Sprachen gesprochen.

## Grammatik

**1 a** Peter hat eine E-Mail geschrieben. **b** Um 17.00 Uhr ist sie ins Fitnesscenter gegangen. **c** Ich habe um 10 Uhr ein Seminar gehabt. **d** Dann habe ich mit meinem Laptop in der Bibliothek gearbeitet. **e** Er ist heute 40 Minuten zur Arbeit gelaufen. **f** Früher haben Leute vielleicht weniger Stress gehabt. **g** Vor zehn Jahren hat Maria in München gewohnt.
**2 a** Erst hat Peter eine E-Mail geschrieben und danach hat er telefoniert. **b** Sie haben sich um 6 Uhr getroffen und um 8 Uhr haben sie ein Musical gesehen. **c** Er hat bis 6 Uhr gearbeitet und danach ist er ins Fitnesscenter gegangen. **d** Ich bin mit dem Fahrrad zum Bahnhof gefahren und dann habe ich die U-Bahn genommen. **e** Ich bin zuerst nach Hamburg geflogen und anschließend habe ich Berlin besucht. **f** Ich habe am Abend noch ein Bier getrunken und später habe ich sehr gut geschlafen.

# Und zum Schluss

**1 Sample answers**
**a** *Heute bin ich um 7.15 Uhr aufgestanden.* **b** *Zum Frühstück habe ich* einen Toast mit Marmelade *gegessen.* **c** *Ich habe* zwei Tassen Tee *getrunken.* **d** *Ich bin um 8.00 Uhr* aus dem Haus *gegangen.* **e** *Ich bin mit* dem Bus und mit der U-Bahn *gefahren.* **f** *Am Vormittag habe ich zwei Seminare gehabt.* **g** *Zu Mittag habe ich* am Schreibtisch ein Baguette *gegessen.* Ich habe nicht in einem Restaurant gegessen. **h** *Ich habe* eine Flasche Mineralwasser *getrunken.* **i** *Am Nachmittag habe ich am* Computer gearbeitet. **j** *Ja, ich habe gestern* neue Jogging-Schuhe *gekauft.* **k** *Ja, ich habe* die Financial Times *gelesen.* **l** *Ja, ich habe gestern* Squash *gespielt.* **m** *Ich bin am Abend ausgegangen.* **n** *Ja, ich habe gestern eine Stunde* ferngesehen. **o** *Ich habe* ein Programm über Politik *gesehen.* **p** *Ich bin um Mitternacht ins Bett gegangen.* **q** *Früher habe ich* immer Abba *gehört. Jetzt höre ich gern* Morrissey. **r** *Früher habe ich in meiner*

*Freizeit* gern Fußball gespielt. *Jetzt* sehe ich in meiner Freizeit gern Fußballspiele im Fernsehen.

**2 i a** Er geht jedes Wochenende auf den Flohmarkt. **b** Er hat das Bild *Ruth und Naemi* von Julius Hübner gefunden. **c** 1945 hat man das Bild aus der Alten Nationalgalerie genommen und in einem Turm versteckt. **d** Sie hat es sechs Monate lang restauriert. **e** Es hängt jetzt wieder in der Alten Nationalgalerie.

**ii a** Falsch. Meistens findet er nichts Besonderes. **b** Falsch. Das Bild zeigt Ruth und Naemi. **c** Falsch. Er hat es für ein paar Euro gekauft. **d** Richtig.

# Lektion 9

## Abschnitt A

### Übungen

**I a** *ein Studentenwohnheim*; **b** eine Wohngemeinschaft; **c** ein Hochhaus; **d** ein Reihenhaus; **e** ein Zweifamilienhaus; **f** eine Altbauwohnung; **g** ein Hotel; **h** ein Einfamilienhaus.
**2 a** Garten; **b** 88 m²; **c** Blick; **d** Stadtzentrum; **e** Miete; **f** Zimmer; **g** Wohngemeinschaft; **h** Verkehrsverbindungen.

### Grammatik

**I i a** mit d**em** Bus; **b** mit de**r** U-Bahn; **c** in ein**em** Einfamilienhaus; **d** in ein**em** Hochhaus; **e** in ein**em** Studentenwohnheim; **f** in ein**em** Café; **g** in ein**er** Altbauwohnung; **h** in sein**er** neuen Wohnung; **i** mit ihr**er** Schwester; **j** mit sein**em** Bruder.
**ii a** In d**en** Zimmer**n**; **b** In d**en** Seminaren; **c** mit d**en** anderen Student**en**; **d** zu mein**en** Eltern; **e** In d**en** Hochhäuser**n**; **f** mit sein**en** zwei Töchter**n**; **g** zu sein**en** Geschwistern; **h** mit sein**en** Freunde**n**.
**2 a** *Ja, ich wohne noch in meiner alten Wohnung.* **b** *Ja, ich arbeite noch gern in meinem Garten.* **c** Ja, ich fahre meistens mit meinem Auto zur Arbeit. **d** Ja, ich habe gestern mit meiner Schwester telefoniert. **e** Ja, ich bin mit meinem Bruder in den Urlaub gefahren. **f** Ja, ich fahre am Wochenende noch oft zu meinen Eltern. **g** Ja, ich gehe noch oft mit meinen Freunden ins Kino. **h** Ja, ich bin gestern Abend mit meiner Freundin / meinem Freund ins Theater gegangen.

## Abschnitt B

### Übungen

**I** 1 = e; 2 = f; 3 = d; 4 = h; 5 = i; 6 = b; 7 = c; 8 = a; 9 = g.
**2 a** *leicht*; **b** schnell; **c** langsam; **d** spät; **e** teuer; **f** schwer; **g** leise; **h** neu; **i** hell.
**3** Wohnheim; Bad; Staubsauger; Kühlschrank; Schrank; Zentrum; ruhig; Blick; Zentralheizung; weit; Flur; Arbeitsraum; Raum; Kinderzimmer; Zimmer; Küche; Sessel; Wohnung; Sofa; Bett; Tisch; Regal; Balkon; Keller; Klo; hell; Reihenhaus; Haus; Miete; Hochhaus; Rechnung; Garten.

### Grammatik

**I a** die Fleischer**ei** – die Bäcker**ei**; **b** das Muse**um** – das Studi**um**; **c** die Vorles**ung** – die Zeit**ung**; **d** der Kell**er** – der Comput**er**; **e** das Aut**o** – das Kin**o**; **f** die Mann**schaft** – die Wohngemein**schaft**; **g** die Informat**ion** – die Lekt**ion**; **h** die Flasch**e** – die Frag**e**; **i** der Hon**ig** – der Kön**ig**; **j** das Mäd**chen** – das Bröt**chen**.
**2 a männlich**: *Fernseher*; Wagen; DVD-Rekorder; Tennisschläger; Teller; Keller; König; Idealismus. **b weiblich**: *Waschmaschine*; Pflanze; Miete; Umgebung; Küche; Vergangenheit; Kleidung; Prüfung; Fleischerei; Zeitung; Kultur; Wohngemeinschaft; Vorlesung; Touristeninformation; Hautcreme; Minute. **c sächlich**: *Brötchen*; Kino; Instrument; Medikament; Büro; Würstchen; Museum; Studium; Studio; Foto.
**3 a** Das; **b** der; **c** das; **d** die; **e** das **f** die; **g** das; **h** die.

## Abschnitt C

### Übungen

**I A Stadt** Es ist multikulturell. Man kann gut einkaufen. Das Nachtleben ist fantastisch. Es ist laut. Es gibt viele Museen und Kinos. Es ist schmutzig. Es ist sehr hektisch.
**B Land** *Die Luft ist gut.* Das kulturelle Angebot ist nicht so gut. Die Leute haben Zeit und sind nicht so gestresst. Die Verkehrsverbindungen sind nicht so gut. Es ist grün und es gibt viel Natur. Es gibt wenig Stress. Es ist ein bisschen langweilig.
**2 a** 1 in; 2 machen; 3 kulturelle; 4 Kunst; 5 dem; 6 Leben.
**b** 1 gelebt; 2 bin; 3 Leute; 4 besser; 5 gern. **c** 1 auf; 2 gehabt; 3 studiert; 4 gearbeitet; 5 wieder; 6 stressig.

### Grammatik

**I a** älter; **b** altmodischer; **c** ärmer; **d** billiger; **e** bunter; **f** früher; **g** hässlicher; **h** hektischer; **i** interessanter; **j** kälter; **k** langweiliger; **l** langsamer; **m** lauter; **n** schlechter; **o** schwerer; **p** stressiger; **q** wärmer; **r** besser; **s** dunkler; **t** höher; **u** teurer.
**2 a** *Nein, in der Stadt ist es lauter als auf dem Land.* **b** Nein, in der Stadt ist die Luft schlechter als auf dem Land. **c** Nein, in der Stadt ist es interessanter als auf dem Land. **d** Nein, in der Stadt ist das Leben schneller als auf dem Land. **e** Nein, in der Stadt ist das kulturelle Angebot größer als auf dem Land. **f** Nein, in der Stadt haben die Menschen weniger Zeit als auf dem Land. **g** Nein, in der Stadt sind die Mieten meistens teurer als auf dem Land. **h** Nein, in der Stadt ist das Leben hektischer als auf dem Land.

## Abschnitt D

### Übungen

**I** 1 = g; 2 = f; 3 = a; 4 = h; 5 = d; 6 = b; 7 = j; 8 = e; 9 = c; 10 = i.
**2 a** 2, 6; **b** 1, 2, 6, **c** 7, 9; **d** 8; **e** 4; **f** 3; **g** 5.

## Grammatik

| l | Komparativ | Superlativ |
|---|---|---|
| **a** *billig* | *billiger* | *am billigsten* |
| **b** warm | *wärmer* | am wärmsten |
| **c** kalt | kälter | am kältesten |
| **d** lang | länger | am längsten |
| **e** interessant | interessanter | am interessantesten |
| **f** hektisch | hektischer | am hektischsten |
| **g** hoch | höher | am höchsten |
| **h** teuer | teurer | am teuersten |
| **i** friedlich | friedlicher | am friedlichsten |
| **j** dunkel | dunkler | am dunkelsten |
| **k** gern | *lieber* | am liebsten |
| **l** gut | besser | am besten |

**2 a** Der Nil ist länger als der Rhein, aber der Amazonas ist am längsten. **b** Rom ist älter als Berlin, aber Damaskus ist am ältesten. **c** Kanada ist größer als Deutschland, aber Russland ist am größten. **d** Der Hase ist schneller als der Löwe, aber der Gepard ist am schnellsten. **e** Der BMW M6 ist teurer als der Maserati GranSport, aber der Ferrari F430 ist am teuersten. **f** In Kairo ist es wärmer als in Berlin, aber in Neu Delhi ist es am wärmsten. **g** In Sukkertoppen, Grönland, ist es kälter als in Fairbanks, USA, aber in Yellowknife, Kanada, ist es am kältesten. **h** Der Toyota Aygo ist billiger als der Opel Corsa, aber der Volkswagen Fox ist am billigsten.

## Und zum Schluss

### 1 Sample answers

**a** *Ich wohne in* einem Reihenhaus. **b** *Mein Haus hat* vier Zimmer – ein Wohnzimmer, ein Esszimmer, ein Schlafzimmer und ein Arbeitszimmer. *Und es hat natürlich auch* eine Küche und ein Badezimmer. **c** *Nein, ich habe kein Gästezimmer.* **d** *Die Zimmer sind* ziemlich klein und dunkel. Aber das Schlafzimmer ist groß und hell. Mein Arbeitszimmer hat einen Schreibtisch, einen Computer, einen Scanner, einen Drucker, ein Telefon, zwei Regale und einen Stuhl. **e** *Ja, ich habe einen kleinen Garten.* **f** *Ja, ich wohne mit meiner Partnerin / meinem Partner zusammen.* **g** *Wir haben* alte und moderne Möbel. **h** *Ja, wir brauchen* eine neue Küche. **i** *Ja, unser Haus liegt* ziemlich ruhig. **j** Unsere Straße ist ziemlich klein. Es gibt nicht viel Verkehr, aber es gibt sehr viele Leute. **k** *Es ist etwa* 200 Meter *bis zum nächsten Supermarkt.* **l** *Ich wohne* direkt in der Stadt. **m** *Ich wohne seit* drei Jahren in meinem Haus. **n** *Ich lebe sehr gern* in meinem Haus. **o** *Ich wohne lieber* in der Stadt. In der Stadt gibt es mehr zu tun. **p** *In der Stadt* gibt es Kinos, Theater, Museen etc. **q** *Auf dem Land* kann man sich besser ausruhen.

**2 i** 1 = h; 2 = e; 3 = f; 4 = b; 5 = c; 6 = a; 7 = d; 8 = g.
**ii a** ii; **b** ii; **c** i; **d** i; **e** i; **f** i; **g** ii; **h** i.

# Lektion 10

## Abschnitt A

### Übungen

**1 a** Ausdruck; **b** Neues; **c** Secondhandshops; **d** Typ; **e** Outfit; **f** Sachen; **g** Leute; **h** Modetrends; **i** Modeverkäuferin.

**2**

| (✓) | (✗) |
|---|---|
| b c e h | a d f g |

**3 a** sportliche **b** schwarze Sachen **c** langweilige Sachen **d** Ich trage gern modische Sachen. **e** Ich trage gern elegante Sachen. **f** Ich trage nie bunte Sachen. **g** Er trägt gern individuelle Sachen.

### Grammatik

**1 a** Das ist eine ruhige Wohnung. **b** Das ist ein großer Garten. **c** Das ist ein alter Fernseher. **d** Das ist ein kleines Zimmer. **e** Das war ein tolles Wochenende. **f** Das war ein schöner Abend. **g** Das sind altmodische Möbel. **h** Das waren sehr nette Leute. **i** Das ist eine gute Idee. **j** Das ist eine prima Idee. **k** Das war eine super Party.

**2 i a** gut**e**; **b** talentiert**er**; **c** fantastisch**er**; **d** interessant**es**; **e** gefährlich**er**; **f** lecker**es**, ungesund**es**; **g** schön**e**, kompliziert**e**.

### ii Sample answers

**a** Ich finde, Madonna ist eine talentiert**e** Sängerin. **b** Ich finde, Justin Timberlake ist ein ziemlich langweilig**er** Sänger. **c** Ich finde, *Metropolis* ist ein super Film. **d** Ich finde, *Harry Potter* ist ein aufregend**es** Buch. **e** Ich finde, Boxen ist ein brutal**er** Sport. **f** Ich finde, Fish und Chips ist ein typisch**es** englisch**es** Essen. **g** Ich finde, Deutsch ist eine sehr schwer**e** Sprache.

## Abschnitt B

### Übungen

**1 a** das Hemd; **b** die Hose; **c** die Mütze; **d** die Jacke; **e** der Rock; **f** der Mantel; **g** die Krawatte; **h** der Anzug; **i** die Schuhe; **j** *die Stiefel*; **k** die Brille; **l** der Schal; **m** die Handschuhe.

**2 i a** die Schuhe; **b** *die Hüte*; **c** die Anzüge; **d** die Röcke; **e** die Strümpfe. **ii a** die Blusen; **b** die Hosen; **c** die Jacken; **d** die Krawatten; **e** die Mützen. **iii a** die Kleider; **b** *die Hemden*. **iv a** die T-Shirts; **b** die Outfits. **v a** *die Pullover*; **b** die Stiefel; **c** die Gürtel; **d** die Mäntel.

**3 a** Richtig. **b** Falsch. Zu Hause trägt sie gern Jeans und Pullover. **c** Falsch. Sie trägt gern alles, was modisch ist. **d** Richtig. **e** Falsch. Bei der Arbeit muss sie einen schwarzen Rock mit einer weißen Bluse tragen. **f** Falsch. Sie zieht nicht so gern Blusen und Röcke an. / Blusen und Röcke zieht sie nicht so gern an. **g** Richtig.

## Grammatik

**1 a** weiß**en**; **b** grau**en**; **c** schwarz**en**; **d** dunkl**en**;
**e** modisch**en**; **f** hell**en**; **g** schwarz**en**.

**2 a** ein**e** alt**e** Jeans mit ein**em** alt**en** Hemd und bequem**en**
Schuhen; **b** ein**en** blau**en** Anzug mit ein**er** rot**en** Krawatte
und schwarz**en** Schuhen; **c** eine Jeans mit ein**em** modisch**en**
T-Shirt und schick**en** Puma-Schuhen; **d** ein**e** elegant**e** Bluse
mit ein**em** schön**en** Rock und elegant**en** Schuhen; **e** ein**en**
dick**en** Mantel mit ein**em** warm**en** Pullover und warm**en**
Stiefeln; **f** ein schön**es** Kleid mit leicht**en** Sommerschuhen;
**g** ein**e** schick**e** Jeans mit ein**em** modisch**en** Diesel-Sweatshirt
und modisch**en** Puma-Schuhen.

### 3 Sample answers

**a** An der Uni trage ich meistens eine schwarze Jeans und ein
schwarzes T-Shirt mit schwarzen Schuhen. Bei meiner Arbeit
als Barmann trage ich eine rote Jacke mit einer schwarzen
Krawatte und eine schwarze Hose mit schwarzen
Lederschuhen. **b** Zu Hause trage ich meistens ein graues
Sweatshirt und eine alte Jeans mit bequemen Schuhen. **c** Im
Winter trage ich immer warme Sachen – eine graue
Wolljacke mit einem bunten Schal, eine warme Hose mit
dicken Wollsocken und schwarzen Lederstiefeln. **d** Im
Sommer trage ich oft ein leichtes, buntes Hemd und eine
leichte, hellblaue Hose aus Baumwolle mit modischen
Turnschuhen. **e** Ich trage gern modische Sachen – am liebsten
ein schwarzes Hemd von Christian Dior und eine schwarze
Armani-Jeans mit einer schicken Jacke von Alexander
McQueen. **f** Ich trage nicht gern alte, schmutzige Sachen mit
alten Ledersandalen und weißen Socken.

## Abschnitt C

### Übungen

**1 a** eine *Bad-Taste-Party*; **b** eine Geburtstagsfeier;
**c** eine Studentenparty; **d** eine Hochzeit; **e** eine Grillparty;
**f** Weihnachten; **g** Silvester; **h** eine Hauseinweihungsfeier.
**2 1** e, g; **2** b, f; **3** a, h; **4** c, i; **5** d, j.

**3**

| männlich | weiblich | sächlich | Plural |
|---|---|---|---|
| *Schal* | Creme | Bild | Blumen |
| Champagner | Uhr | Parfüm | Handschuhe |
| Hund | Pflanze | | (Schuhe) |
| Hut | Lederjacke | | |
| Sekt | Krawatte | | |
| Schirm | | | |
| Pulli | | | |

## Grammatik

**1 a** Man kann *ihr* zehn rote Rosen schenken. **b** Man kann ihm
ein Fußballtrikot von Manchester United schenken. **c** Man

kann ihr ein Abonnement für die Oper schenken. **d** Man kann
ihnen einen Kurztrip nach Paris schenken. **e** Man kann ihm
eine Schachtel Pralinen schenken. **f** Man kann ihr einen
Besuch in einem Wellnesscenter schenken. **g** Man kann ihnen
eine Espressomaschine kaufen.

**2 a** Peter schenkt seiner Mutter eine CD. **b** Sie haben ihren
Freunden eine Flasche Champagner geschenkt. **c** Wir haben
unserem Sohn eine Wohnung gekauft. **d** Hast du deiner
Mutter ein Geschenk zum Geburtstag gekauft? **e** Wir haben
unserer Tochter ein Auto geschenkt. **f** Fabian und Karin haben
wir eine schöne Lampe geschenkt. **g** Hast du deinen Kindern
Postkarten aus dem Urlaub geschickt? **h** Mein Großvater hat
mir ein wunderbares Essen in einem teuren Restaurant
bezahlt.

## Abschnitt D

### Übungen

**1 a** die *Kasse*; **b** der/die Verkäufer/in; **c** die Umkleidekabine;
**d** die Damenabteilung; **e** die Beauty Lounge; **f** der
Geldautomat; **g** der Ticketshop; **h** Young fashion; **i** die
Herrenabteilung; **j** die Lebensmittelabteilung.
**2 1** *helfen*; **2** meinen; **3** liest; **4** Krimis; **5** empfehlen; **6** beliebt;
**7** gelesen; **8** deutschen; **9** empfehlen; **10** spannender;
**11** kostet; **12** nehme.

## Grammatik

**1 a** Ihr; **b** uns; **c** mir; **d** uns; **e** ihm; **f** ihnen; **g** Ihnen;
**h** dir; **i** euch.

## Und zum Schluss

### 1 Sample answers

**a** Danke, mir geht's sehr gut. **b** Ja, Mode ist wichtig für mich.
**c** Bei der Arbeit ziehe ich normalerweise einen dunkelgrauen
Anzug und eine blaue Krawatte an. **d** Zu Hause trage ich
meistens eine alte Jeans und einen hellblauen Pullover. **e** Ich
trage gern modische Sachen. **f** Ich trage nicht gern dunkle,
langweilige Sachen. **g** Für eine Grillparty ziehe ich meine
schwarze Armani-Jeans mit einem schwarz-goldenen Versace-
T-Shirt an. **h** Auf einer Hochzeit trage ich meinen silbergrauen
Dior-Anzug und eine blau-rote Krawatte mit schwarzen
Schuhen und blau-roten Paul-Smith-Socken. **i** Ich bringe ihm
eine neue Beethoven-CD und das neue Kochbuch von Jamie
Oliver mit. **j** Ich bringe ihr den neuen Lonely Planet
Reiseführer über Peru mit. **k** Ich bringe ihnen eine gute
Flasche Sekt mit. **l** Ich finde, Fish und Chips ist ein sehr
leckeres Essen. **m** Ich finde, Madonna ist eine sehr talentierte
Sängerin. **n** Meistens gefällt mir meine Arbeit, aber manchmal
ist sie auch stressig. **o** Ja, die deutsche Sprache gefällt mir sehr.
Sie ist aber sehr kompliziert. **p** Ich empfehle ihr *Der Vorleser*
von Bernhard Schlink. Er ist ein interessanter deutscher
Schriftsteller.

**2 a** *E*; **b** S; **c** S; **d** E; **e** E; **f** K; **g** S; **h** S; **i** E; **j** K.

# Lektion 11

## Abschnitt A

### Übungen

**1 a** *Strandurlaub*; **b** Städtereise; **c** All-Inclusive-Urlaub; **d** Wellnessurlaub; **e** Abenteuerurlaub; **f** Skiurlaub; **g** Aktivurlaub; **h** Erholungsurlaub; **i** Kurzurlaub; **j** Kultururlaub.

**2 a** (✗); **b** (✓); **c** (✓); **d** (✓); **e** (✗); **f** (✗); **g** (✓).

**3 a** *bin ... aufgestanden*; **b** bin ... gegangen; **c** bin ... geschwommen; **d** bin ... gelegen; **e** habe ... gefühlt; **f** haben ... gemacht; **g** haben ... besucht; **h** hat ... gefallen; **i** bin ... gegangen; **j** habe ... getrunken; **k** habe ... geschlafen.

### Grammatik

**1 a** *in die*; **b** nach; **c** aufs; **d** in den; **e** ans; **f** nach; **g** zu; **h** in die; **i** in; **j** auf.

**2** 1 in; **2** in; **3** Stadt; **4** gefallen; **5** freundlich; **6** ans; **7** kalt; **8** in die; **9** nach; **10** nach.

## Abschnitt B

### Übungen

**1 a** Frühling; **b** Sommer; **c** Herbst; **d** Winter.

**2** 1 = e; 2 = h; 3 = i; 4 = c; 5 = a; 6 = d; 7 = g; 8 = b; 9 = f.

### Grammatik

**1 a** Im Westen von Deutschland ist es neblig. **b** Im Osten von Deutschland scheint die Sonne. **c** Im Norden von Deutschland beträgt die Tagestemperatur 24 Grad. **d** Im Nordwesten von Deutschland gibt es Gewitter. **e** Im Südwesten von Deutschland hat es gestern geschneit. **f** Im Norden von Spanien hat es Gewitter gegeben. **g** Im Süden von Frankreich sind es heute 35 Grad.

## Abschnitt C

### Übungen

**1 a** Kanu und Kajak; **b** Bergsteigen; **c** Fahrradfahren; **d** Kampfsportarten; **e** Reiten; **f** Tauchen; **g** Golf; **h** Paragleiten; **i** Wandern; **j** Motorradfahren; **k** Surfen; **l** Segeln.

**2 i** 1 wichtig; **2** mache; **3** Kampfsportarten; **4** Freundin; **5** fit; **6** Außerdem; **7** Gemüse; **8** Bioladen; **9** Tee.

**ii** 1 arbeiten; **2** Sauna; **3** gesund; **4** hole; **5** aktiv; **6** Segeln; **7** Urlaub.

### Grammatik (1)

**1** 1 = d; 2 = f; 3 = c; 4 = h; 5 = a; 6 = g; 7 = e; 8 = b.

**2 a** Wenn es morgen nicht regnet, gehen wir im Park spazieren. **b** Wenn Gerds Bus bald ankommt, gehen wir zusammen ins Kino. **c** Wenn du Hunger hast, gehen wir gleich essen. **d** Wenn unser bester Spieler wieder fit ist, gewinnen wir das Finale. **e** Wenn du morgen keine Zahnschmerzen mehr hast, gehen wir zusammen shoppen. **f** Wenn ich morgen wieder gesund bin, werde ich arbeiten. **g** Wenn meine Freundin heute Abend zu Hause ist, kann ich bei ihr essen. **h** Wenn das Wetter morgen schön ist, gehen wir schwimmen.

### Grammatik (2)

**1 a** *soll*; **b** soll; **c** Sollst; **d** will; **e** wollen; **f** Willst; **g** will; **h** Darfst; **i** darf; **j** Darf; **k** dürfen.

## Abschnitt D

### Übungen

**1 a** der Kopf; **b** das Ohr; **c** die Nase; **d** die Zähne; **e** der Mund; **f** das Auge; **g** der Hals; **h** der Bauch; **i** die Hand; **j** das Knie; **k** das Bein; **l** der Fuß.

**2 i a** *die Arme*; **b** die Köpfe; **c** die Bäuche; **d** die Füße; **e** die Zähne; **f** die Hälse; **g** *die Münder*; **h** die Rücken; **i** *die Busen*; **j** die Finger.

**ii a** *die Nasen*; **b** die Zehen; **c** die Zungen; **d** die Lippen; **e** die Hände.

**iii a** *die Haare*; **b** die Beine; **c** die Knie; **d** die Gesichter; **e** *die Augen*.

**3** 1 = g; 2 = d; 3 = e; 4 = c; 5 = f; 6 = h; 7 = a; 8 = b.

### Grammatik

**1 a** Ich habe Halsschmerzen. **b** Ich habe Ohrenschmerzen. **c** Ich habe Knieschmerzen. **d** Ich habe Beinschmerzen. **e** Ich habe Rückenschmerzen. **f** Ich habe Kopfschmerzen. **g** Ich habe Augenschmerzen. **h** Ich habe Zahnschmerzen.

## Und zum Schluss

**1 Sample answers**

**a** Ja, ich treibe viel Sport. **b** Ich treibe fast jeden Tag Sport. **c** Ich spiele gern Fußball. **d** Tennis spiele ich nicht so gern. **e** Ja, ich gehe sehr gern ins Fitnesscenter. Ich gehe jeden Tag ins Fitnesscenter. Das ist leider ziemlich teuer. Aber ich habe ein Jahresabo – das ist dann billiger. **f** Ich darf im Moment nicht jeden Sport treiben. Ich darf leider nicht Ski fahren. **g** Ich esse meistens gesund. Aber leider esse ich auch gern Schokolade und Kartoffelchips. **h** Ja, ich esse sehr viel Gemüse. Ich esse Karotten, Brokkoli, Spinat und Spargel. **i** Ich darf nicht fettig essen – zum Beispiel keine Butter und keinen Käse. **j** Ich trinke ziemlich viel Wasser am Tag – meistens trinke ich einen Liter oder mehr. **k** Ich schlafe meistens sieben Stunden pro Nacht. **l** Ja, das ist genug. **m** Ich bin in meinem letzten Urlaub mit meiner Freundin nach Berlin gefahren. Das war eine Kurzreise. **n** Wir haben bei einem alten Freund gewohnt. **o** Wir sind von Donnerstagabend bis Montagabend geblieben. **p** Wir haben sehr viel gemacht. Wir sind ins Museum gegangen. Wir waren auf dem Flohmarkt. Wir sind ins Theater gegangen. Wir haben in Restaurants gegessen. Wir sind mit dem Schiff auf der Spree gefahren. Wir sind viel spazieren gegangen. **q** Das Wetter war sehr gut – sonnig und warm, aber nicht zu warm. **r** Es hat uns sehr gut gefallen. **s** Das nächste Mal wollen wir nach Moskau fahren.

# Lektion 12

## Abschnitt A

### Übungen
**1** 1 = c; 2 = e; 3 = g; 4 = b; 5 = i; 6 = f; 7 = a; 8 = h; 9 = d.
**2 a** *sprechen*; **b** Nachricht; **c** da; **d** zurückrufen; **e** Büro; **f** ausrichten; **g** Apparat; **h** verbinde; **i** besetzt; **j** Wiederhören.
**3**

| 1 | 2 | 3 | 4 | 5 | 6 | 7 | 8 | 9 | 10 | 11 | 12 |
|---|---|---|---|---|---|---|---|---|----|----|----|
| d | f | j | e | h | c | k | g | l | i  | a  | b  |

### Grammatik
**1 a** (✗); **b** (✓); **c** (✗); **d** (✓); **e** (✓); **f** (✗); **g** (✗); **h** (✓); **i** (✓); **j** (✗); **k** (✓); **l** (✗).

## Abschnitt B

### Übungen
**1 a** *Grundschule*; **b** Lehre; **c** Gymnasium; **d** Realschulabschluss; **e** Abitur; **f** Praktikum; **g** Werdegang; **h** Besondere Kenntnisse.
**2 a** *Franzose*; **b** arbeitslos; **c** Universität; **d** Lehre; **e** Lehrerin; **f** Automechaniker; **g** Student; **h** gute Chancen.
**3 a** *bin gegangen*; **b** sind gezogen; **c** habe besucht; **d** habe gemacht; **e** habe angefangen; **f** habe studiert; **g** bin gewesen; **h** habe gelernt; **i** habe gefunden.

### Grammatik
**1 i** 1 *in*; **2** in; **3** in; **4** nach; **5** bei; **6** in; **7** nach; **8** seit; **9** in.
**ii** 1 in; **2** Von; **3** bis; **4** in; **5** auf; **6** Nach; **7** nach; **8** an; **9** Seit; **10** bei.
**2 a** *Ich bin 1984 geboren.* **b** Ich bin in Hamburg geboren. **c** Ich bin mit 6 Jahren in die Grundschule gegangen. / Mit 6 Jahren bin ich in die Grundschule gegangen. **d** Ich habe nach der Grundschule aufs Gymnasium gewechselt. / Nach der Grundschule habe ich aufs Gymnasium gewechselt. **e** Ja, ich habe 2003 das Abitur gemacht. **f** Ich habe nach dem Abitur 6 Monate in den USA gelebt. / Nach dem Abitur habe ich 6 Monate in den USA gelebt. **g** Ja, ich habe Informatik in Aachen

studiert. **h** Ich habe 2007 meinen Abschluss gemacht. / Ich habe meinen Abschluss 2007 gemacht. **i** Ich arbeite seit 2008 bei RTL in Hamburg. / Seit 2008 arbeite ich bei RTL in Hamburg.

## Abschnitt C

### Übungen
**1** Halle; Südtirol; Jena; Graz; *Bundesrepublik*; Bremen; Berlin; Gera; Bayern; München; Zürich; Wien.
Salzburg; Hamburg; Nürnberg; Dresden; Schweiz; Worms; Bern; *Österreich*; Linz; Kiel; Bonn; Ulm; Köln.
**2** 1 *Muttersprache*; **2** Regionen; **3** Ländern; **4** Hauptstadt; **5** Bekannt; **6** Arzneimittel; **7** Einwohner; **8** Sehenswürdigkeiten; **9** Wiedervereinigung; **10** Städte; **11** Ausländer; **12** Gesellschaft.

**3 a** Deutschland hat neun Nachbarländer. **b** Sie heißen die Niederlande, Belgien, Luxemburg, Frankreich, die Schweiz, Österreich, die Tschechische Republik, Polen und Dänemark. **c** Die drei Bundesländer im Norden heißen Schleswig-Holstein, Niedersachsen und Mecklenburg-Vorpommern. **d** Die zwei Bundesländer im Süden heißen Baden-Württemberg und Bayern. **e** Am größten ist Bayern. **f** Die Hauptstadt von Niedersachsen heißt Hannover. **g** Die Hauptstadt von Bayern heißt München. **h** Frankfurt am Main liegt in Hessen. **i** Köln liegt in Nordrhein-Westfalen. **j** Die Elbe fließt durch Hamburg. **k** Der Rhein fließt durch Köln. **l** Die zwei Meere im Norden heißen die Nordsee und die Ostsee. **m** Das Gebirge im Süden heißt die Alpen.

### Grammatik
**1 a** *Ich denke, dass Berlin eine interessante Stadt ist.* **b** Viele Leute glauben, dass die Deutschen keinen Humor haben. **c** Peter denkt, dass viele Leute in Österreich konservativ sind. **d** Viele Leute denken, dass ein wenig Alkohol gut für die Gesundheit ist. **e** Ich glaube, dass morgen die Sonne scheint. **f** Svenja sagt, dass sie mehr Sport machen will. **g** Corinna sagt, dass sie früher in Barcelona gelebt hat. **h** Jörg denkt, dass man in Bayern gut Urlaub machen kann.
**2 a** Ja, ich denke, dass die Deutschen viel Bier trinken. / Nein, ich denke nicht, dass die Deutschen viel Bier trinken. **b** Ja, ich glaube, dass *Harry Potter* ein gutes Buch ist. / Nein, ich glaube nicht, dass *Harry Potter* ein gutes Buch ist. **c** Ja, ich glaube, dass Madonna eine gute Sängerin ist. / Nein, ich glaube nicht, dass Madonna eine gute Sängerin ist. **d** Ja, ich glaube, dass ich gesund lebe. / Nein, ich glaube nicht, dass ich gesund lebe. **e** Ja, ich glaube, dass ich topfit bin. / Nein, ich glaube nicht, dass ich topfit bin. **f** Ja, ich denke, dass man in Deutschland viel für die Umwelt tut. / Nein, ich denke nicht, dass man in Deutschland viel für die Umwelt tut. **g** Ja, ich denke, dass Deutsch eine schwere Sprache ist. / Nein, ich denke nicht, dass Deutsch eine schwere Sprache ist.

## Abschnitt D

### *Übungen*

**1 a** Muttersprache; **b** Fremdsprache; **c** Grammatik;
**d** Schreiben, Sprechen; **e** Artikel; **f** Großschreibung; **g** Englisch;
**h** Sprachkurs.
**2 a** *Personalpronomen*; **b** Artikel; **c** trennbare Verben;
**d** Modalverben; **e** Präpositionen; **f** Geschlecht;
**g** Nomen; **h** Adjektive; **i** Possessivpronomen;
**j** Konjunktionen.
**3 a** (✗); **b** (✓); **c** (✗); **d** (✗); **e** (✓); **f** (✓).

### *Grammatik*

**1 a** und; **b** denn; **c** aber; **d** wenn; **e** obwohl; **f** oder;
**g** dass; **h** weil.
**2 i a** ... oft geschäftlich nach Frankfurt fährt. **b** Susanna lernt
Deutsch, weil sie die Musik von Mozart und Beethoven liebt.
**c** Richard lernt Deutsch, weil er gern Sprachen lernt. **d** Carlo
lernt Deutsch, weil es gut für seine Karriere ist. **e** Myriam lernt
Deutsch, weil sie die deutsche Sprache sehr schön findet.
**f** Magda lernt Deutsch, weil sie in Österreich arbeiten möchte.
**g** Blanca und Robin lernen Deutsch, weil sie in Deutschland
Urlaub machen wollen.
**ii Sample answer**
Ich lerne Deutsch, weil meine Freundin/mein Freund aus
Deutschland kommt.

## Und zum Schluss

### 1 Sample answers

**a** Ich komme aus Peru. **b** Peru hat fast 30 Millionen
Einwohner. **c** In Peru spricht man Spanisch und auch
amerindische Sprachen. **d** Die Hauptstadt heißt Lima. **e** Es
gibt zum Beispiel auch Arequipa und Huancayo. **f** Mein Land
ist zum Beispiel für die Inkas bekannt. Aber auch für Exporte
von Metallen wie Gold und Kupfer und von Kaffee. **g** Ich bin
in Huancayo geboren. **h** Ich bin 1989 geboren. **i** Ich bin in
Huancayo in die Schule gegangen. **j** Ich habe 2007 meinen
Schulabschluss gemacht. **k** Nach der Schule habe ich gleich
studiert. **l** Im Moment studiere ich an der Universität Leeds.
**m** Ich lerne Deutsch seit sieben Monaten. **n** Ich lerne
Deutsch, weil ich später in Deutschland studieren will. **o** Ja, ich
glaube, dass Deutsch eine schwere Sprache ist. **p** Nein, ich bin
noch nicht in Deutschland, Österreich oder der Schweiz
gewesen. **q** Ja, ich möchte diesen Sommer gern Deutschland,
Österreich und die Schweiz besuchen.

**2 a** Falsch. Südtirol heißt offiziell Autonome Provinz Bozen.
**b** Richtig. **c** Falsch. Fast 70 Prozent der Einwohner sprechen
Deutsch als Muttersprache. **d** Falsch. Alle Mitarbeiter von
öffentlichen Ämtern müssen Deutsch und Italienisch können.
**e** Richtig. **f** Falsch. Der Anteil der Bevölkerung mit Italienisch
als Muttersprache ist leicht zurückgegangen. **g** Falsch. Im
Norden und im Osten grenzt Südtirol an Österreich.
**h** Richtig. **i** Falsch. An den Grenzen zwischen Südtirol und
Österreich gibt es keine Grenzkontrollen mehr. **j** Richtig.

# Glossary

This glossary lists the most important words that you have met during the course. It is not intended to be comprehensive.
* indicates that a verb or its root form is irregular. Many of these verbs are listed on page 250 of the main book.
| indicates that a verb is separable (e.g. an|rufen).

**A**

| | |
|---|---|
| der Abend (-e) | evening |
| das Abendbrot | supper |
| abends | in the evening |
| das Abenteuer (-) | adventure |
| aber | but, however |
| ab\|fahren* | to depart |
| die Abfahrt (-en) | departure |
| ab\|heben* | to take off |
| ab\|holen | to pick up, fetch |
| das Abitur (-e) | leaving exam at Gymnasium, roughly A-levels |
| das Abonnement (-s) | subscription |
| die Abteilung (-en) | department |
| Achtung! | attention!, watch out! |
| die Adresse (-n) | address |
| die Ahnung (-en) | idea, notion |
| der Alkohol | alcohol |
| alles | everything |
| alt | old |
| die Altbauwohnung (-en) | flat in a period block |
| das Alter | age |
| altmodisch | old-fashioned |
| die Ampel (-n) | traffic lights |
| die Ananas (-) | pineapple |
| das Angebot (-e) | offer, choice |
| andere | other, different |
| der Anfang (¨e) | beginning |
| an\|fangen* | to begin, start |
| das Angebot (-e) | offer, range |
| angenehm | pleasant |
| angespannt | tense, fraught |
| der/die Angestellte (-n) | employee |
| die Anglistik | English language and literature |
| an\|kommen* | to arrive |
| die Anreise (-n) | arrival |
| an\|reisen | to arrive (by vehicle) |
| an\|rufen* | to telephone, call up |
| anschließend | afterwards, subsequently |
| anstrengend | tiring, strenuous |
| die Antwort (-en) | answer |
| an\|ziehen* | to put on |
| der Anzug (¨e) | suit |
| der Apfel (¨) | apple |
| die Apotheke (-n) | chemist shop, pharmacy |
| der Apparat (-e) | apparatus, phone |
| die Arbeit (-en) | work |
| arbeiten | to work |
| arbeitslos | unemployed |
| der Arbeitsraum (¨e) | study |
| arm | poor |
| der Arm (-e) | arm |

| | |
|---|---|
| der Arzt (¨e) / die Ärztin (-nen) | doctor |
| der Atlantik | Atlantic |
| auch | also |
| Auf Wiedersehen! | Goodbye! |
| der Aufenthalt (-e) | stay |
| auf\|machen | to open, undo |
| aufregend | exciting |
| auf\|stehen* | to get up |
| das Auge (-n) | eye |
| der Augenblick (-e) | moment |
| der Ausdruck (¨e) | expression |
| der Ausflug (¨e) | excursion, outing |
| ausgestattet | equipped |
| ausgezeichnet | excellent |
| die Auskunft (¨e) | information, directory enquiries |
| das Ausland: im Ausland | abroad |
| der Ausländer (-) / die -in (-nen) | foreigner |
| aus\|probieren | to try out |
| jemandem etwas aus\|richten | to pass on a message to someone |
| die Aussage (-n) | statement |
| aus\|sehen* | to look, appear |
| außerdem | besides that, also |
| außerhalb | outside |
| die Aussicht (-en) | prospect, outlook |
| die Ausstellung (-en) | exhibition |
| das Auto (-s) | car |
| der Automat (-en) | (vending) machine |
| der Automechaniker / die -in (-nen) | mechanic |
| die Autowerkstatt (¨en) | car repair shop |

**B**

| | |
|---|---|
| das Baby (-s) | baby |
| backen* | to bake |
| die Bäckerei (-en) | bakery |
| das Bad (¨er) | bath |
| das Badezimmer (-) | bathroom |
| das Baguette (-n/-s) | baguette |
| die Bahn | rail, railway |
| der Bahnhof (¨e) | railway station |
| bald | soon |
| der Balkon (-s/-e) | balcony |
| die Bank (-en) | bank |
| der Banker (-) / -in (nen) | banker |
| der Bankkaufmann (¨er) / die -frau (-en) | qualified bank clerk |
| der Bauch (¨e) | stomach, belly |
| bauen | to build |
| der Baum (¨e) | tree |

| | |
|---|---|
| Bayern | Bavaria |
| beantworten | to answer |
| der Becher (-) | beaker, cup; sundae dish |
| bedeckt | overcast |
| bedienen | to serve |
| das Bedienungsgeld | service charge, tip |
| beenden | to finish |
| begrüßen | to welcome, greet |
| die Begrüßung (-en) | greeting |
| das Bein (-e) | leg |
| das Beispiel (-e) | example |
| bekannt | famous, well known |
| bekommen* | to get |
| beliebt | popular |
| benutzen | to use |
| das Benzin | petrol, gasolene |
| bequem | comfortable |
| beraten* | to advise |
| der Bereich (-e) | area, sphere |
| bereit | ready |
| der Berg (-e) | mountain |
| der Beruf (-e) | profession, occupation |
| berufstätig | working, employed |
| berühmt | famous |
| besetzt | busy, engaged |
| besonders | especially |
| Besonderes: nichts Besonderes | nothing special |
| besorgen | to see to, take care of |
| bestätigen | to confirm |
| bestellen | to order |
| die Bestellung (-en) | order |
| besuchen | to visit |
| betragen* | to amount to |
| das Bett (-en) | bed |
| die Bewerbung (-en) | application |
| bezahlen | to pay |
| die Bibel (-n) | Bible |
| die Bibliothek (-en) | library |
| das Bier (-e) | beer |
| der Biergarten (¨) | beer garden |
| bieten* | to offer |
| das Bild (-er) | picture |
| der Bildschirm (-e) | screen |
| die Bildung | education |
| billig | cheap |
| der Bioladen (¨) | health-food shop |
| bis | until, by |
| bisschen – ein bisschen | a bit (of) |
| bitte | please |
| blau | blue |
| bleiben* | to stay |
| die Blume (-n) | flower |
| der Blumenkohl (-e) | cauliflower |
| die Bluse (-n) | blouse |
| die Bohne (-n) | bean |
| der Bonbon (-s) | sweet |
| das Boot (-e) | boat |
| die Bordkarte (-n) | boarding card |
| brauchen | to need |
| braun | brown |
| der Brief (-e) | letter |
| der Brieffreund (-e) / die -in (-nen) | pen-friend |
| bringen* | to bring |

| | |
|---|---|
| der Brokkoli (-) | broccoli |
| das Brot (-e) | bread |
| das Brötchen (-) | bread roll |
| die Brücke (-n) | bridge |
| der Bruder (¨) | brother |
| die Brust (¨e) | chest, breast |
| das Buch (¨er) | book |
| buchen | to book, reserve |
| die Buchhandlung (-en) | bookstore |
| der Buchstabe (-n) | letter |
| buchstabieren | to spell |
| die Bundesrepublik Deutschland | the Federal Republic of Germany |
| bunt | colourful |
| das Büro (-s) | office |
| der Bus (-se) | bus |
| der Busfahrer (-) / die -in (-nen) | bus driver |
| die Bushaltestelle (-n) | bus stop |
| die Butter | butter |

**C**

| | |
|---|---|
| das Café (-s) | café |
| die CD (-s) | CD |
| der Champagner | champagne |
| der Chef (-s) / die Chefin (-nen) | head, boss |
| die Chemie | chemistry |
| das Comicheft (-e) | comic |
| der Computer (-) | computer |
| der Cousin (-s) / die Cousine (-n) | cousin |
| die Creme (-n) | cream (pharmaceutical) |

**D**

| | |
|---|---|
| da | there; also: here |
| damals | then, at that time |
| die Dame (-n) | lady |
| danach | after that, afterwards |
| daneben | next to |
| der Dank – Vielen Dank | thanks – Many thanks |
| danke – Danke schön | thank you – Thank you very much |
| danken (+ dat) | to thank |
| dann | then |
| darüber hinaus | furthermore |
| dauern | to last |
| denken* | to think |
| deponieren | to deposit |
| der Designer (-) / die -in (-nen) | designer |
| Deutsch | German (language) |
| Deutscher / Deutsche | German (person) |
| dick | fat |
| die Disco / Disko (-s) | disco |
| der Dom (-e) | cathedral |
| das Dorf (¨er) | village |
| dort | there |
| die Dose (-n) | can |
| die Drogerie (-n) | drug store |
| dunkel | dark |
| dürfen* | to be allowed to |
| durstig | thirsty |
| die Dusche (-n) | shower |
| duschen | to shower |
| die DVD (-s) | DVD |

**E**

| | |
|---|---|
| die Ecke (-n) | corner |
| eigentlich | actually |
| ein\|checken | to check in |
| einfach | single (journey); simple |
| das Einfamilienhaus (¨er) | detached family house |
| ein\|führen | to introduce |
| ein\|kaufen | to shop |
| ein\|laden* | to invite |
| die Einladung (-en) | invitation |
| einmal | once |
| der Eintritt (-e) | entrance, start |
| der Einwohner (-) | inhabitant |
| ein\|ziehen* | to move in |
| das Eis | ice cream |
| das Elektroauto (-s) | electric car |
| der Elektroladen (¨) | electrical goods shop |
| die Eltern (pl) | parents |
| die E-Mail (-s) | e-mail |
| die Empfangsdame (-n) | receptionist (female) |
| empfehlen* | to recommend |
| das Ende (-n) | end |
| der Engländer (-) | Englishman, -woman |
| die -in (-nen) | |
| der Enkelsohn (¨e) / | grandson / -daughter |
| die -tochter (¨) | |
| entdecken | to discover |
| enthalten* | to contain |
| enthalten | covered, included |
| entlassen* | to release, dismiss |
| entschuldigen | to excuse |
| entspannt | relaxed |
| die Erbse (-n) | pea |
| die Erde | the Earth |
| die Erfahrung (-en) | experience |
| erfinden* | to invent |
| ergänzen | to complete |
| erhalten* | to receive |
| erledigen | to attend to, do |
| erreichbar | reachable |
| erreichen | to reach |
| erscheinen* | to appear |
| erst | only, not until |
| erzählen | to tell, narrate |
| essen* | to eat |
| die Etage (-n) | storey, floor |
| der Euro (-) | euro |
| evangelisch | Protestant |
| das Examen (-) | examination |

**F**

| | |
|---|---|
| das Fach (¨er) | subject |
| fahren* | to go (in a vehicle), drive |
| die Fahrkarte (-n) | ticket |
| der Fahrplan (¨e) | timetable (for transport) |
| das Fahrrad (¨er) | bicycle |
| die Fahrtkosten (pl) | transportation costs |
| die Familie (-n) | family |
| der Familienstand | marital status |
| die Farbe (-n) | colour |
| die Faxnummer (-n) | fax number |
| fehlen | to be missing, lacking |
| die Feier (-n) | celebration |
| Feierabend machen | to finish work |
| feiern | to celebrate |

| | |
|---|---|
| der Feiertag (-e) | public holiday |
| die Ferien (pl) | holidays |
| fern\|sehen* | to watch TV |
| der Fernseher (-) | TV set |
| fertig | finished, ready |
| das Fest (-e) | party, celebration |
| das Fett | fat |
| der Film (-e) | film |
| der Finanzberater (-) / | financial advisor |
| die -in (-nen) | |
| finden* | to find, think |
| der Finger (-) | finger |
| das Fitnesscenter (s), | gym |
| -studio (-s) | |
| die Flasche (-n) | bottle |
| das Fleisch | meat |
| die Fleischerei (-en) | butcher's |
| fliegen* | to fly |
| fließend | fluent(ly) |
| der Flohmarkt (¨e) | flea market |
| der Flug (¨e) | flight |
| der Flughafen (¨) | airport |
| das Flugzeug (-e) | plane |
| der Flur (-e) | corridor / hall |
| das Foto (-s) | photo |
| der Fotograf (-en) / | photographer |
| die -in (-nen) | |
| fotografieren | to take photos |
| die Frage (-n) | question |
| fragen | to ask |
| der Franzose (-n) / die | Frenchman / -woman |
| Französin (-nen) | |
| Französisch | French (language) |
| die Frau (-en) | woman; Mrs |
| frei | free, vacant |
| der Freund (-e) / die | boyfriend / girlfriend; friend |
| Freundin (-nen) | |
| friedlich | peaceful, peaceable |
| frisch | fresh |
| der Friseur (-) / | hairdresser |
| die -in (-nen) | |
| die Frisur (-en) | hairstyle |
| die Frucht (¨e) | fruit |
| früh | early |
| der Frühling (-e) | spring |
| das Frühstück (-e) | breakfast |
| frühstücken | to have breakfast |
| fühlen | to feel |
| der Führerschein (-e) | driving licence |
| der Fuß (¨e) | foot |
| der Fußball (¨e) | football |
| die Fußgängerzone (-n) | pedestrian precinct |

**G**

| | |
|---|---|
| der Garten (¨) | garden |
| der Gast (¨e) | guest |
| das Gebäude (-) | building |
| geben* | to give |
| das Gebiet (-e) | area, region |
| der Geburtsort (-e) | place of birth |
| der Geburtstag (-e) | birthday |
| gefährlich | dangerous |
| gefallen* (+ dat) | to be pleasing |
| Es gefällt mir. | I like it. |
| gegen | around (of time); against |

| | |
|---|---|
| das Gegenteil (-e) | opposite |
| gehen* | to go |
| gehören (+ dat) | to belong to |
| der Geländewagen (-) | four-by-four, all-terrain vehicle |
| gelangen | to get to |
| gelb | yellow |
| das Geld (-er) | money |
| gemischt | mixed |
| das Gemüse | vegetables |
| genau | exact(ly), precise(ly) |
| genug | enough |
| geöffnet | open |
| das Gepäck | luggage |
| geradeaus | straight ahead |
| das Gericht (-e) | dish |
| gern – Ich trinke gern Tee. | I like drinking tea. |
| das Geschäft (-e) | business, shop |
| geschäftlich | on business |
| das Geschenk (-e) | present |
| die Geschichte (-n) | history, story |
| geschieden | divorced |
| der Geschlecht (-er) | gender, sex |
| der Geschmack (¨e) | taste |
| geschmackvoll | tasteful(ly) |
| die Geschwister (pl) | brothers and sisters |
| das Gesicht (-er) | face |
| gesund | healthy, well |
| die Gesundheit | health |
| das Getränk (-e) | drink |
| das Gewicht (-e) | weight |
| gewinnen* | to win |
| das Gewitter (-) | thunderstorm |
| die Gitarre (-n) | guitar |
| das Glas (¨er) | glass |
| glauben | to believe |
| gleich | straight away; also: equal, same |
| das Gleis (-e) | track |
| das Glück | fortune, luck, happiness |
| glücklich | happy |
| die Grafik (-en) | picture, graphic art |
| der Grafiker (-), die -in (-nen) | illustrator; graphic designer |
| das Gramm (-e) | gram |
| grau | grey |
| die Grenze (-n) | border |
| die Grippe (-n) | flu |
| groß | large, big |
| die Großmutter (¨) | grandmother |
| der Großonkel (-) / die -tante (-n) | great uncle / aunt |
| der Großvater (¨) | grandfather |
| grün | green |
| gründen | to establish, found |
| die Grundschule (-n) | primary school |
| ins Grüne | into the countryside |
| günstig | favourable, reasonable (of price) |
| die Gurke (-n) | cucumber, gherkin |
| der Gürtel (-) | belt |
| gut | good, fine |
| das Gymnasium (...ien) | grammar school |

**H**

| | |
|---|---|
| das Haar (-e) | hair |
| der Haartrockner (-), -fön (-e) | hair-dryer |
| haben* | to have |
| der Hafen (¨) | port, harbour |
| die Hähnchenbrust (¨e) | chicken breast |
| die Halbpension | half board |
| der Hals (¨e) | neck, throat |
| halten* | to stop |
| die Hand (¨e) | hand |
| der Handschuh (-e) | glove |
| die Handtasche (-n) | handbag |
| das Handy (-s) | mobile phone, cell phone |
| der Hang (-e) | slope, incline |
| hängen* | to hang |
| hassen | to hate |
| hässlich | ugly |
| häufig | frequently |
| das Hauptgericht (-e) | main course |
| die Hauptstadt (¨e) | capital city |
| das Haus (¨er) | house |
| die Hauseinweihungsfeier (-n) | house-warming party |
| die Hausfrau (-en) | housewife |
| der Hausmann (¨er) | house husband |
| die Haut (¨e) | skin |
| das Heimspiel (-e) | home match |
| heiraten | to marry |
| heiß | hot |
| heißen* | to be called |
| heiter | bright, fine |
| hektisch | hectic |
| helfen* (+ dative) | to help |
| hell | light, bright |
| das Hemd (-en) | shirt |
| der Herbst (-e) | autumn |
| der Herr (-en) | gentleman; Mr |
| das Herz (-en) | heart |
| heute | today |
| hier | here |
| hierbei | for this |
| hin und zurück | return; there and back |
| hinterlassen | to leave (a message) |
| das Hobby (-s) | hobby |
| das Hochhaus (¨er) | tower block |
| die Hochzeit (-en) | wedding |
| hoffen | to hope |
| hoffentlich | hopefully |
| der Höhepunkt (-e) | highlight |
| holen | to fetch, to get |
| der Honig | honey |
| hören | to hear |
| die Hose (-n) | (a pair of) trousers |
| das Hotel (-s) | hotel |
| der Hubschrauber (-) | helicopter |
| der Hund (-e) | dog |
| hungrig | hungry |
| der Hut (¨e) | hat |

**I**

| | |
|---|---|
| die Idee (-n) | idea |
| der Imbissstand (¨e) | hot-dog stand |
| immer | always |
| die Informatik | computer science |
| der Ingenieur (-e) / die -in (-nen) | engineer |
| die Innenstadt | town centre |
| die Insel (-n) | island |

| | |
|---|---|
| insgesamt | all together |
| interessant | interesting |
| der Internetzugang (¨e) | internet access |
| Italienisch | Italian |

**J**

| | |
|---|---|
| die Jacke (-n) | jacket |
| das Jahr (-e) | year |
| vor einem Jahr | a year ago |
| die Jahreszeit (-en) | season |
| das Jahrhundert (-e) | century |
| jeder / jede / jedes | every, each |
| jeden Tag | every day |
| jetzt | now |
| der Job (-s) | job |
| der Joghurt | yoghurt |
| der Journalist (-en) / | journalist |
| die -in (-nen) | |
| die Jugendherberge (-n) | youth hostel |
| jung | young |
| der Junge (-n) | boy |
| Jura (ohne Artikel) | law |

**K**

| | |
|---|---|
| der Kaffee (-s) | coffee |
| das Kalbfleisch | veal |
| kalt | cold |
| der Kamillentee | camomile tea |
| das Kännchen (-) | pot |
| die Kantine (-n) | canteen, cafeteria |
| die Karotte (-n) | carrot |
| die Kartoffel (-n) | potato |
| der Käse | cheese |
| die Kasse (-n) | cash desk, checkout |
| katholisch | Catholic |
| kaufen | to buy |
| das Kaufhaus (¨er) | department store |
| kein | no, not a |
| der Keller (-) | cellar |
| der Kellner (-) / | waiter / waitress |
| die -in (-nen) | |
| kennen* | to know, be acquainted with |
| die Kenntnis (-se) | knowledge |
| (often pl) | |
| die Kette (-n) | chain |
| das Kilo (-/-s) | kilo |
| das Kind (-er) | child |
| das Kino (-s) | cinema |
| die Kirche (-n) | church |
| die Kirsche (-n) | cherry |
| die Klasse (-n) | class |
| klasse (inf.) | terrific, great |
| das Klassentreffen (-) | class reunion |
| das Klavier (-e) | piano |
| sich kleiden | to dress (oneself) |
| die Kleidung | clothing |
| klein | small |
| das Klima (-ta) | climate |
| die Kneipe (-n) | pub |
| das Knie (-) | knee |
| der Knoblauch | garlic |
| der Koch (¨e) / die | cook, chef |
| Köchin (-nen) | |
| kochen | to cook |

| | |
|---|---|
| die Kochmöglichkeit (-en) | somewhere to cook |
| der Kollege (-en) / die | colleague |
| Kollegin (-nen) | |
| komfortabel | comfortable |
| kommen* | to come |
| kompliziert | complicated |
| das Königshaus (¨er) | monarchy |
| können* | to be able to, can |
| das Konzert (-e) | concert |
| der Kopf (¨e) | head |
| der Körper (-) | body |
| der Körperteil (-e) | part of the body |
| korrigieren | to correct |
| die Kosmetikerin (-nen) | beautician, cosmetician |
| kosmopolitisch | cosmopolitan |
| kosten | cost |
| krank | ill, sick |
| das Krankenhaus (¨er) | hospital |
| die Krankenkasse (-n) | health insurance fund |
| der Krankenpfleger (-) / | nurse |
| die -in (-nen) | |
| die Krankenschwester (-n) | female nurse |
| die Krankenversicherung | health insurance |
| (-en) | |
| die Krawatte (-n) | tie |
| der Krimi (-s) | crime novel |
| die Küche (n) | kitchen |
| der Kuchen (-) | cake |
| kühl | cool |
| der Kühlschrank (¨e) | refrigerator |
| der Kunde (-n) / die | customer, client |
| Kundin (-nen) | |
| der Kundenberater (-) / | customer advisor |
| die -in (-nen) | |
| die Kunst (¨e) | art |
| der Kurs (-e) | course |
| kurz | short, shortly |
| die Küste (-n) | coast |

**L**

| | |
|---|---|
| der Laden (¨) | shop |
| die Lage (-n) | position |
| die Lampe (-n) | lamp |
| das Land (¨er) | country |
| aufs Land fahren | to go the country |
| lang | long |
| langsam | slow(ly) |
| langweilig | boring |
| lassen* | to leave; let |
| laufen* | to walk, run |
| laut | loud, noisy |
| leben | to live |
| der Lebenslauf (¨e) | CV |
| die Lebensmittel (pl) | food |
| lecker | delicious, tasty |
| das Leder | leather |
| ledig | single, unmarried |
| legen | to lay, put |
| die Lehre (-n) | apprenticeship |
| der Lehrer (-) / | teacher |
| die -in (-nen) | |
| leid – das tut mir leid | I am sorry |
| die Leitung (-en) | line |
| lernen | to learn |

| | |
|---|---|
| lesen* | to read |
| die Leute (pl) | people |
| das Licht (-er) | light |
| lieben | to like very much, to love |
| lieber – Ich trinke lieber Kaffee. | I prefer drinking coffee. |
| die Lieblingsfarbe (-n) | favourite colour |
| das Lied (-er) | song |
| liegen* | to lie (in the sun, etc.) |
| die Limonade (-n) / die Limo (-s) | lemonade |
| die Linie (-n) | line, route |
| links | (on the) left |
| die Lippe (-n) | lip |
| das Lotto | national lottery |
| die Luft (¨e) | air |
| der Luftballon (-s) | balloon |
| Lust haben | to feel like |

**M**

| | |
|---|---|
| machen | to do, to make |
| das Mädchen (-) | girl |
| die Mahlzeit (-en) | meal |
| der Mais | sweet corn |
| malen | to paint |
| man | one |
| der Manager (-) / die -in (-nen) | manager |
| manchmal | sometimes |
| der Mann (¨er) | man |
| männlich | masculine |
| der Mantel (¨) | coat |
| das Märchen (-) | fairy tale |
| der Markt (¨e) | market |
| die Marmelade (-n) | jam, marmelade |
| das Maß (-e) | measure |
| die Mauer (-n) | wall |
| der Maurer (-) / die -in (-nen) | bricklayer |
| der Mechaniker (-) / die -in (-nen) | mechanic |
| das Medikament (-e) | medicine |
| das Meer (-e) | sea |
| die Mehrheit (-en) | majority |
| die Mehrwertsteuer (MwSt) | Value Added Tax (VAT) |
| meinen | to think, to mean |
| die Meinung (-en) | opinion |
| meistens | mostly |
| die Mensa (...sen) | refectory |
| der Mensch (-en) | person, human being |
| die Messe (-n) | (trade) fair |
| das Messegelände (-) | exhibition centre |
| der Metzger (-)/ die -in (-nen) | butcher |
| die Metzgerei (-en) | butcher's |
| mies (inf.) | rotten, very bad |
| die Miete (-n) | rent |
| mieten | to rent |
| die Mikrowelle (-n) | microwave |
| die Milch | milk |
| die Minderheit (-en) | minority |
| mindestens | at least |
| das Mineralwasser | mineral water |
| die Minute (-n) | minute |
| mit\|kommen* | to come (along, as well) |
| der Mittag (-e) | midday |
| das Mittagessen (-) | lunch |
| zu Mittag essen | to have lunch |
| mittags | at midday |
| die Mittagspause (-n) | lunch break |
| die Mitte | middle |
| das Möbel (-) | furniture |
| möbliert | furnished |
| möchten – Was möchten Sie? | What would you like? |
| die Mode (-n) | fashion |
| modisch | fashionable |
| mögen* | to like |
| möglich | possible |
| die Möglichkeit (-en) | possibility |
| der Moment (-e) | moment |
| der Monat (-e) | month |
| die Monatskarte (-n) | monthly season ticket |
| monoton | monotonous |
| der Morgen (-) | morning |
| morgen | tomorrow |
| morgens | in the morning |
| das Motorrad (¨er) | motor bike |
| müde | tired |
| der Mund (¨er) | mouth |
| das Münster (-) | minster, cathedral |
| die Musik | music |
| der Musiker (-) / die -in (-nen) | musician |
| das Müsli (-s) | muesli |
| müssen* | to have to, must |
| die Mutter (¨) | mother |
| die Muttersprache (-n) | mother tongue |
| die Mütze (-n) | cap |

**N**

| | |
|---|---|
| der Nachbar (-n)/ die -in (-nen) | neighbour |
| der Nachhauseweg (-e) | the way home |
| nachher | afterwards |
| nachmittags | in the afternoon |
| die Nachricht (-en) | message |
| nach\|sehen* | to have a look |
| die Nachspeise (-n) | dessert |
| die Nacht (¨e) | night |
| nachts | at night |
| die Nähe | proximity |
| in der Nähe von | near |
| der Name (-n) | name |
| namhaft | prestigious |
| die Nase (-n) | nose |
| natürlich | of course |
| der Nebel (-) | fog |
| der Neffe (-n) | nephew |
| nehmen* | to take |
| nett | nice |
| neu | new |
| die Neubauwohnung (-en) | newly-built flat |
| neulich | recently |
| nicht | not |
| die Nichte (-n) | niece |

| | |
|---|---|
| nie | never |
| noch | still |
| das Nomen | noun |
| die Nordsee | North Sea |
| normalerweise | normally |
| nötig | necessary |
| die Nudel (-n) | noodle, pasta |
| die Nummer (-n) | number |
| nun | now |
| nur | only |
| nutzen | to use |
| nützlich | useful |

**O**

| | |
|---|---|
| das Obst | fruit |
| obwohl | although |
| oder | or |
| der Ofen (¨) | oven, stove |
| offen | open |
| öffentlich | public |
| öffnen | to open |
| die Öffnung (-en) | opening |
| oft | often |
| das Ohr (-en) | ear |
| die Ökologie | ecology |
| das Öl | oil |
| die Oma (-s) | grandma |
| das Omelett (-e or -s) | omelette |
| der Onkel (-) | uncle |
| der Opa (-s) | grandpa |
| die Oper (-n) | opera |
| der Orangensaft (¨e) | orange juice |
| der Österreicher (-) / | Austrian |
| die -in (-nen) | |
| die Ostsee | the Baltic |

**P**

| | |
|---|---|
| die Packung (-en) | packet |
| das Parfüm (-s) | perfume |
| der Park (-s) | park |
| der Parkplatz (¨e) | parking lot |
| die Party (-s) | party |
| passen | to match, suit |
| die Pension (-en) | guesthouse, pension |
| pensioniert | retired |
| die Perle (-n) | pearl, bead |
| die Person (-en) | person |
| das Pfund | pound |
| der Pilz (-e) | mushroom |
| die Pizza (Pizzen) | pizza |
| die Platte (-n) | record |
| der Platz (¨e) | square, place, seat |
| die Polizei | police |
| der Polizist / die -in (-nen) | police officer |
| die Pommes (frites) (pl) | French fries |
| die Post | mail, post office |
| die Postkarte (-n) | postcard |
| das Praktikum (...ka) | work experience |
| die Praline (-n) | chocolate, praline |
| der Preis (-e) | price |
| Preußen | Prussia |
| prima (inform.) | brilliant, great |
| der Prinz (-en) | prince |
| das Problem (-e) | problem |

| | |
|---|---|
| der Produzent (-en) / | producer |
| die -in (-nen) | |
| die Prüfung (-en) | examination |
| der Psychologe (-n) / | psychologist |
| die Psychologin (-nen) | |
| der Pullover (-s), Pulli (-s) | pullover |

**Q**

| | |
|---|---|
| der Quatsch | (coll.) nonsense |

**R**

| | |
|---|---|
| das Rad (¨er) | wheel, cycle |
| Rad fahren | to cycle |
| das Radio (-s) | radio |
| die Radiosendung (-en) | radio broadcast |
| die Rakete (-n) | rocket |
| raten* (+ dat) | to advise |
| das Rathaus (¨er) | town hall |
| rauchen | to smoke |
| der Raum (¨e) | room, space |
| der Realschulabschluss | roughly equivalent to GCSE in |
| (¨e) | the UK |
| Recht haben | to be right |
| rechts | (on the) right |
| der Redakteur (-e) / | editor |
| die -in (-nen) | |
| reden (über + acc) | to talk (about) |
| das Regal (-e) | shelves |
| der Regen | rain |
| der Regenschirm (-e) | umbrella |
| regnen | to rain |
| reich | rich |
| das Reihenhaus (¨er) | terraced house |
| die Reinigung (-en) | dry cleaner's |
| der Reis | rice |
| die Reise (-n) | journey, trip |
| der Reiseführer (-) | travel guide, guidebook |
| reisen | to travel |
| der Rentner (-) / | pensioner |
| die -in (-nen) | |
| reservieren | to reserve |
| restaurieren | to restore |
| die Richtung (-en) | direction |
| der Rinderbraten (-) | roast beef |
| das Rindfleisch | beef |
| der Rock (¨e) | skirt |
| die Rolle (-n) | role |
| der Roman (-e) | novel |
| die Romantik | the Romantic Period |
| die Rose (-n) | rose |
| rot | red |
| der Rücken (-) | back |
| ruhig | quiet |
| das Rührei (-er) | scrambled egg |
| rund um die Uhr | around the clock |

**S**

| | |
|---|---|
| die Sache (-n) | thing |
| sächlich | neuter |
| der Saft (¨e) | juice |
| sagen | to say |
| die Sahne | cream |
| die Salami (-s) | salami |

| | |
|---|---|
| der Salat (-e) | salad |
| sammeln | to collect |
| der Sänger (-) / die -in (-nen) | singer |
| der Satz (¨e) | sentence |
| sauber | clean |
| die S-Bahn (-en) | metropolitan railway |
| das Schach | chess |
| die Schachtel (-n) | box, carton |
| der Schal (-e) | scarf, shawl |
| die Schallplatte (-n) | record |
| scheinen* | to shine; to seem |
| schenken | to give (as a present) |
| scheußlich | terrible |
| schick | smart, chic |
| das Schiff (-e) | ship |
| der Schinken (-) | ham |
| schlafen* | to sleep |
| das Schlafzimmer (-) | bedroom |
| schlecht | bad |
| schließlich | after all, finally |
| schlimm | bad |
| das Schloss (¨er) | castle |
| der Schluss (¨e) | end |
| zum Schluss | finally |
| der Schlüssel (-) | key |
| schmecken | to taste |
| Hat es geschmeckt? | Did it taste good? |
| der Schmerz (-en) | pain |
| schmutzig | dirty |
| der Schnaps (¨e) | spirit, hard liquor |
| der Schnee | snow |
| schneiden* | to cut; to edit |
| schneien | to snow |
| schon | already |
| schön | beautiful, nice |
| der Schotte (-n) / die Schottin (-nen) | Scot |
| der Schrank (¨e) | cupboard |
| schrecklich | terrible |
| schreiben | to write |
| der Schreibtisch (-e) | desk |
| schreien* | to yell, scream |
| der Schriftsteller (-) / die -in (-nen) | author |
| der Schuh (-e) | shoe |
| die Schule (-n) | school |
| der Schwager (¨) / die Schwägerin (-nen) | brother- / sister-in-law |
| schwarz | black |
| schwatzen | to chat |
| das Schweinefleisch | pork |
| die Schwester (-n) | sister |
| der Schwiegersohn (¨) / die -tochter (¨) | son- / daughter-in-law |
| schwimmen* | to swim |
| das Segeln | sailing |
| sehen* | to see, to watch |
| die Sehenswürdigkeit (-en) | sight (worth seeing) |
| sehr | very |
| die Seide | silk |
| sein* | to be |
| die Seite (-n) | page; side |

| | |
|---|---|
| der Sekretär (-e) / die -in (nen) | secretary |
| der Sekt | German bubbly wine |
| selten | seldom, rarely |
| der Sessel (-) | armchair |
| sicher | sure, certain(ly) |
| silbern | silver |
| der (auch: das) Silvester | New Year's Eve |
| simsen | to text, send a text message |
| singen* | to sing |
| sitzen* | to sit |
| Ski laufen* / fahren* | to ski |
| die SMS (-/-s) | text message |
| die Socke (-n) | sock |
| das Sofa (-s) | sofa |
| sofort | immediately |
| sogar | even |
| der Sohn (¨e) | son |
| der Soldat (-en) / die -in (-nen) | soldier |
| sollen* | ought, should |
| der Sommer (-) | summer |
| die Sonne (-n) | sun |
| die Sonnenbrille (-n) | (pair of) sunglasses |
| sonnig | sunny |
| sonst | otherwise |
| Sonst noch etwas? | Anything else? |
| sowie | as well as |
| sowieso | in any case |
| spannend | exciting, thrilling |
| sparen | to save |
| der Spargel | asparagus |
| der Spaß | fun |
| es macht Spaß | it's fun |
| spät | late |
| Wie spät ist es? | What's the time? |
| spazieren gehen* | to go for a walk |
| der Spaziergang (¨e) | walk |
| einen Spaziergang machen | to go for a walk |
| die Speisekarte (-n) | menu |
| das Spiel (-e) | game |
| spielen | to play |
| der Spinat (-e) | spinach |
| der Sport (-e) | sport |
| Sport machen/treiben* | to do sport(s) |
| die Sprache (-n) | language |
| die Sprachschule (-n) | language school |
| sprechen* | to speak |
| die Staatsangehörigkeit (-en) | nationality |
| das Stadion (Stadien) | stadium |
| die Stadt (¨e) | town, city |
| die Stadtführung (-en) | guided tour (of a town) |
| stark | strong(ly) |
| starten | to take off, be launched |
| die Station (-en) | (tube) station |
| der Stau (-s) | traffic jam, tailback |
| der Staubsauger (-) | vacuum cleaner |
| stehen* | to stand |
| stellen | to put, to place |
| das Stellenangebot (-e) | job advertisement |
| sterben* | to die |
| der Stiefel (-) | boot |
| die Stimme (-n) | voice |
| stimmen | to be correct |

| | |
|---|---|
| das Stipendium (-ien) | grant |
| der Strand (¨e) | beach |
| die Straße (-n) | street |
| die Straßenbahn (-en) | tram, street-car |
| stressig | stressful |
| der Strumpf (¨e) | stocking |
| die Strumpfhose (-n) | pair of tights |
| das Stück (-e/-) | piece |
| der Student (-en) / die -in (-nen) | student |
| das Studentenwohnheim (-e) | student residence |
| studieren | to study |
| das Studium (Studien) | study |
| der Stuhl (¨e) | chair |
| die Stunde (-n) | hour |
| suchen | to look for, to seek |
| der Supermarkt (¨e) | supermarket |
| die Suppe (-n) | soup |
| das Surfen | surfing |
| süß | sweet |
| die Süßigkeit (-en) | sweet, confectionery |

**T**

| | |
|---|---|
| die Tablette (-n) | tablet |
| der Tag (-e) | day |
| der Tagesablauf (¨e) | daily routine |
| der Tagungsraum (¨e) | conference room |
| talentiert | talented |
| die Tante (-n) | aunt |
| tanzen | to dance |
| die Tasche (-n) | bag |
| die Tasse (-n) | cup |
| das Tauchen | diving |
| das Taxi (-s) | taxi |
| der Taxifahrer (-) / die -in (-nen) | taxi driver |
| der Techniker (-) / die -in (-nen) | engineer, technician |
| der Tee (-s) | tea |
| der Teil (-e) | part |
| teilen | to share, divide |
| das Telefon (-e) | telephone |
| das Telefongespräch (-e) | phone call |
| telefonieren (mit + dat) | to telephone |
| die Temperatur (-en) | temperature |
| der Tennisschläger (-) | tennis racket |
| der Termin (-e) | date, appointment |
| der Terminkalender (-) | appointments diary |
| teuer | dear, expensive |
| der Texter (-) / die -in (-nen) | copy-writer |
| das Theater (-) | theatre |
| das Thema (Themen) | topic, theme |
| der Tisch (-e) | table |
| der Tischler (-) / die -in (-nen) | carpenter |
| die Tochter (¨) | daughter |
| der Tod | death |
| toll | great, terrific |
| die Tomate (-n) | tomato |
| die Torte (-n) | tart, flan |
| total | total(ly) |
| der Tourist / die -in (-nen) | tourist |

| | |
|---|---|
| die Touristeninformation (-en) | tourist information |
| die Tournee (-n) | tour |
| tragen* | to wear |
| trainieren | to train, work out |
| der Traum (¨e) | dream |
| treffen* | to meet |
| der Treffpunkt (-e) | meeting place |
| trennbar | separable |
| trinken* | to drink |
| der Tropfen (-) | drop |
| trotzdem | nevertheless |
| Tschüss! | Bye! |
| die Tulpe (-n) | tulip |
| tun* | to do |
| der Türke (-n) / die Türkin (-nen) | Turk |
| der Turm (¨e) | tower |
| der Turnschuh (-e) | trainer |
| die Tüte (-n) | bag |
| der Typ (-en) | type |
| typisch | typical |

**U**

| | |
|---|---|
| die U-Bahn (-en) | tube, subway |
| überhaupt nicht | not at all |
| übermorgen | the day after tomorrow |
| die Übernachtung (-en) | overnight stay |
| übersetzen | to translate |
| das U-Boot (-e) | submarine |
| die Übung (-en) | exercise |
| die Uhr (-en) | clock |
| neun Uhr | nine o'clock |
| die Umfrage (-n) | survey |
| der Umgang | contact, dealings |
| die Umkleidekabine (-n) | changing cubicle |
| um\|steigen* | to change (a train, bus, etc.) |
| die Umwelt | environment |
| um\|ziehen* | to move (house) |
| und | and |
| ungefähr | approximately, about |
| die Universität (-en) | university |
| das Unterhemd (-en) | vest |
| unterrichten | to instruct, teach |
| unterschiedlich | different, variable |
| unterzeichnen | to sign |
| der Urlaub (-e) | holiday |

**V**

| | |
|---|---|
| der Vater (¨) | father |
| die Verabredung (-en) | arrangement, appointment |
| die Verantwortung | responsibility |
| das Verb (-en) | verb |
| verbinden* | to connect, join |
| die Verbindung (-en) | connection, link |
| verboten | forbidden |
| verbringen* | to spend (time) |
| verdienen | to earn |
| die Vergangenheit (-en) | past |
| vergessen* | to forget |
| verheiratet (mit + dat) | married (to) |
| verkaufen | to sell |
| der Verkäufer (-) / die -in (-nen) | shop assistant |

| German | English |
|---|---|
| der Verkehr | traffic |
| das Verkehrsamt (¨er) | tourist information office |
| die Verkehrsmittel (pl) | means of transport |
| die Verkehrsverbindungen (pl) | transport (links) |
| verlassen* | to leave |
| veröffentlichen | to publish |
| verrückt | mad, crazy |
| verschieden | different, various |
| verschlossen | uncommunicative |
| verschreiben* | to prescribe |
| verstecken | to hide |
| verstehen* | to understand |
| versuchen | to try |
| der Vertrag (¨e) | treaty |
| verwitwet | widowed |
| viel | much, a lot |
| vielleicht | perhaps |
| das Viertel (-) | quarter |
| Viertel nach acht | quarter past eight |
| die Visitenkarte (-n) | visiting card, business card |
| die Vokabel (-n) | vocabulary item |
| voll | full |
| die Vollpension | full board |
| vorbei | past |
| vor|bereiten | to prepare |
| sich vor|bereiten auf (+ acc) | to prepare (oneself) for |
| die Vorlesung (-en) | lecture |
| der Vormittag (-e) | morning |
| vor|schlagen* | to suggest, propose |
| die Vorspeise (-n) | starter |
| der Vorteil (-e) | advantage |

**W**

| German | English |
|---|---|
| wach | awake |
| wahr | true |
| wahrscheinlich | probably |
| die Währung (-en) | currency |
| der Wald (¨er) | forest |
| wandern | to hike, to ramble |
| wann? | when? |
| warm | warm |
| warten | to wait |
| warum? | why? |
| was? | what? |
| was für? | what kind of? |
| waschen* | to wash |
| die Waschmaschine (-n) | washing machine |
| das Wasser | water |
| wechseln | to change |
| der Wecker (-) | alarm clock |
| weh|tun* | to hurt, ache |
| weiblich | feminine |
| der Weihnachtsmarkt (¨e) | Christmas market |
| weil | because |
| der Wein (-e) | wine |
| weinen | to cry, weep |
| die Weinhandlung (-en) | wine store |
| weiß | white |
| weit | far |
| die Welt (-en) | world |
| der Weltkrieg (-e) | World War |
| wenig – nur ein wenig | only a little |

| German | English |
|---|---|
| wenn | when, whenever |
| der Werdegang (¨e) | development, career |
| werden* | to become |
| das Werk (-e) | work |
| das Wetter | weather |
| der Wetterbericht (-e) | weather report |
| die Wettervorhersage (-n) | weather forecast |
| wichtig | important |
| wie? | how? |
| wie viel? | how much? how many? |
| Wie viel Uhr ist es? | What time is it? |
| wieder | again |
| Wiederhören – Auf Wiederhören! | Goodbye! (on radio or phone) |
| wieder|kommen* | to come again, come back |
| Wiedersehen – Auf Wiedersehen! | Goodbye! |
| die Wiedervereinigung | reunification |
| der Wind (-e) | wind |
| windig | windy |
| der Winter (-) | winter |
| wirklich | really |
| die Wirtschafts-wissenschaften (pl) | economics |
| wissen* | to know ( a fact) |
| der Witz (-e) | joke |
| wo? | where? |
| die Woche (-n) | week |
| das Wochenende (-n) | weekend |
| der Wodka | vodka |
| woher? | where ... from? |
| wohnen | to live |
| die Wohngemeinschaft (-en) | flat-share |
| der Wohnort (-e) | place of residence |
| die Wohnung (-en) | flat |
| das Wohnzimmer (-) | living room |
| wolkig | cloudy |
| wollen* | to want |
| das Wort (¨er/-e) | word |
| die Wortstellung | word-order |
| wunderbar | wonderful |
| die Wurst (¨e) | sausage |
| das Würstchen (-) | (small) sausage |

**Z**

| German | English |
|---|---|
| die Zahl (-en) | number, figures |
| der Zahn (¨e) | tooth |
| der Zahnarzt (¨e) / die Zahnärztin (-nen) | dentist |
| die Zahnpasta (-pasten) | toothpaste |
| die Zehe (-n) | toe |
| zeigen | to show |
| die Zeit (-en) | time |
| die Zeitschrift (-en) | journal |
| die Zeitung (-en) | newspaper |
| zentral | central(ly) |
| die Zentralheizung (-en) | central heating |
| das Zentrum (die Zentren) | centre |
| ziehen* | to move |
| ziemlich | quite, fairly |
| das Zimmer (-) | room |
| die Zitrone (-n) | lemon |

| | | | |
|---|---|---|---|
| der Zucker | sugar | zurück\|kommen* | to come back |
| der Zug (¨e) | train | zurück\|rufen* | to call back |
| der Zugang (¨e) | access | zusammen | together |
| zu\|hören (+ dat) | to listen to | der Zuschlag (¨e) | supplement |
| zu\|machen | to close, shut | die Zwiebel (-n) | onion |
| die Zunge (-n) | tongue | | |